Wolfgang Rose-Heine

FRAUENBILDER

Viola Brunckhorst
1889–1914
Scheepermoor

Felicitas Schlüter
geb. Becker
1887–1943
Hamburg

Helene Finke
geb. Meyer
1885–1950
Scheepermoor

Marta Legrand
geb. Ehlbeck
1886–1967
Magdeburg

Agnes Büttner
1890–1970
Berlin

Erdmute Klee
geb. Miesner
gesch. Bachmann
1888-1972
Worpswede

Dörte Ondukat
geb. Schölermann
1887–1975
Scheepermoor

Gesche Behrens
1891–1983
Hamburg

Wolfgang Rose-Heine

FRAUENBILDER

Stuttgart 2018
Edition Noëma

Bibliografische Information der Deutschen Nationalbibliothek
Die Deutsche Nationalbibliothek verzeichnet diese Publikation in der Deutschen Nationalbibliografie; detaillierte bibliografische Daten sind im Internet über http://dnb.d-nb.de abrufbar.

Bibliographic information published by the Deutsche Nationalbibliothek
Die Deutsche Nationalbibliothek lists this publication in the Deutsche Nationalbibliografie; detailed bibliographic data are available in the Internet at http://dnb.d-nb.de.

∞

Gedruckt auf alterungsbeständigem, säurefreien Papier
Printed on acid-free paper

ISBN-13: 978-3-8382-1252-4

Edition Noëma

Stuttgart 2018

Printed in the EU

Prolog

Die übliche Runde. Nach der Chorprobe sitzen wir im Restaurant und trinken unser Bier. Doch heute ist Heike ungewöhnlich aufgeregt.

„Ich muss euch etwas zeigen", drängt sie, „kommt mal mit in den Saal."

Neugierig folgen wir ihr. Im Festsaal sind viele gedeckte Tische vorbereitet für ein größeres Fest. Heikes Eltern haben Goldene Hochzeit, übermorgen wird hier gefeiert. Aber das ist nicht der eigentliche Anlass unserer kleinen Expedition.

Hinter dem Familientisch ist eine Leinwand aufgehängt, vielleicht drei mal zwei Meter. Darauf ist ein Hochzeitsbild zu sehen, im Vordergrund das frische Ehepaar und dahinter aufgestellt acht Brautjungfern. Das Bild ist alt, eine frühe Fotografie, vergilbt und leicht unscharf. Es wurde 1906 bei der Hochzeit von Heikes Urgroßeltern aufgenommen. In dieser mindestens Lebensgröße wirken die Menschen realistisch, über die Zeiten hinweg fast lebendig.

Ein Einkaufszentrum in der Nähe hatte Jubiläum, bestand 2010 seit hundert Jahren und hatte die Bevölkerung aufgefordert, Fotodokumente aus dieser Zeit zuzuschicken. Die besten, und dazu gehörte auch dieses Hochzeitsfoto, wurden dann entsprechend vergrößert und als Plakate zur Jubiläumsfeier aufgehängt. Heike hatte sich dieses Plakat besorgt und nutzte es nun als besondere Dekoration für die Goldene Hochzeit ihrer Eltern. Eine großartige Idee.

Aber ich erlebte in diesem Augenblick etwas, das mir immer wieder mal widerfuhr. Die Gesichter der Mädchen und jungen Frauen zogen mich in ihren Bann. Acht junge Menschen, jede mit einem sehr eigenen Gesichtsausdruck - was mochten sie erlebt haben, wie könnte ihr Schicksal verlaufen sein in diesem 20. Jahrhundert mit seinen politischen Wendungen, seinen Kriegen? Wie mochte es Frauen in dieser Zeit ergangen sein, wie hatten sie sich aus der ländlichen Umgebung gelöst oder waren sie geblieben? Meine Fantasie schlug Purzelbaum.

Ich nahm mein Handy heraus und machte sofort ein Foto. Schon länger hatte ich nach einem Anlass gesucht, eine größere Geschichte zu schreiben. Hier bot sich mir ein reales Sprungbrett für eine kreative Erzählung, echte Bilder wurden zum Anlass Geschichten zu spinnen, miteinander zu verweben und in die Zeitgeschichte einzubinden, Bilder von Frauen, Frauenbilder.

Scheepermoor I

Um 1900 hatte die Gemeinde Scheepermoor knapp 2000 Einwohner. Die Hauptstraße war Teil der Verbindung zwischen Hamburg und Bremen und weil diese hundert Jahre zuvor für den Vormarsch der französischen Truppen gedient hatte und entsprechend gut ausgebaut war, wurde sie gerne Napoleonchaussee genannt. Sie war dennoch nur eine am Rand noch unbefestigte Kopfsteinpflasterstraße, die sich in zwei eleganten Kurven durch den Kern des Ortes schlängelte. Neben dieser guten Lage an einer Hauptverbindungsstraße war auch die unmittelbare Nähe zur Bahnstrecke zwischen Bremen und Hamburg, für die einige in der Politik tätige Herren gesorgt hatten und die Scheepermoor einen Bahnhof beschert hatte, für die wirtschaftliche Entwicklung des Ortes sehr positiv. Um die Jahrhundertwende 1900 begann diese Entwicklung allerdings gerade erst und die meisten Gebäude des Dorfes dienten der landwirtschaftlichen Nutzung. Die Bauernfamilien und ihr Gesinde bewohnten große Fachwerkhäuser als Wohngebäude, die waren umringt von Ställen und Scheunen. Nur entlang der Hauptstraße und um die Kirche herum, einem in der Mitte des 18. Jahrhunderts neu errichteten spätbarocken Bau mit einem markanten, bulligen Kirchturm, gab es Geschäfte und Werkstätten, Wirtshäuser, eine Apotheke, eine Arztpraxis und einige wenige Bürgerhäuser. Die Straßen waren beidseitig bestanden mit imposanten Eichenalleen. Eine Kanalisation gab es noch nicht, auch keine durchgängige Elektrifizierung und die großen Misthaufen auf den Höfen sorgten für eine spezifische Landluft, die die Einwohner jedoch kaum als Gestank wahrnahmen. Aber der Ort war am Anfang einer Entwicklungsdynamik, die ihn in den nächsten hundert Jahren stark verändern sollte.

Die Hochzeit (1906)

Johann Hanssohn und Heidemarie Bahrenburg kannten sich schon seit der Kindheit. Die Höfe ihrer Eltern lagen nicht weit voneinander entfernt und die Felder stießen teilweise sogar aneinander. Trotzdem hatte es ziemlich lange gedauert, bis Johann sich traute, Heidemarie zu freien und, zugegeben, sie hatte sich auch eine Weile geziert, bevor sie sich in das scheinbar Unvermeidliche fügte. Die Eltern waren hochzufrieden. Hannes Hanssohn hatte sich schon Sorgen gemacht, ob sein Sohn mit immerhin 28 Jahren noch mal in die Puschen käme und auch Thea Bahrenburg wusste, dass eine junge Frau mit 25 in Gefahr geriet, eine alte Jungfer zu werden. Doch beim letzten Erntefest, beim Tanz, waren sich Heidemarie und Johann dann doch eins geworden und nun feierte das ganze Dorf diese große Bauernhochzeit.

Es war ein sonniger Sonnabend, der 28. Juli 1906, die Kirchenbänke der spätbarocken Johannes-Kirche waren gut gefüllt gewesen und auch der Tanzsaal des Scheepermoorer Hofes war mit großen Tafeln vollgestellt, an denen in langen Reihen die Nachbarn und Freunde und etliche Kinder in ihren Sonntagskleidern und Feiertagstrachten saßen. Die Hochzeitssuppe, der Braten und der Vanillepudding hatten allen gut geschmeckt. Neue Weinflaschen, Bier vom Fass und Brause für die Kleinen wurden geordert und manche Zigarre wurde nun angesteckt, so dass die Luft im Raum dicker und undurchsichtiger wurde. Die Herren gönnten sich einen ersten Schnaps nach dem ausführlichen Essen, aber auch die Frauen, die jetzt in kleinen Grüppchen zusammenrückten tranken einen Pfefferminzlikör, während sie das Brautkleid und den neuesten Dorftratsch durchkauten.

Die Brautleute riefen nach den Brautjungfern, um mit ihnen in den Garten hinaus zu gehen, denn dort sollte das offizielle Hochzeitsfoto entstehen, während im Saal die Tische umgeräumt wurden und Raum für die Tanzfläche geschaffen wurde.

Herr Wandeler, der alte Dorffotograf, hatte seinen Apparat bereits aufgebaut und so in Stellung gebracht, dass die Mädchen sich unmittelbar vor der hochgewachsenen Hecke aufstellen mussten. Nun verzweifelte er fast an der Aufgabe, die acht jungen Frauen hinter dem Paar, das auf Stühlen saß, zu positionieren.

„Stehen sie doch bitte still, meine Damen. Und schauen sie doch hierher zur Kamera. Sie können ruhig etwas freundlicher dreinblicken. Und jetzt Achtung! Danke, das wars."

Da waren sie nun verewigt, acht junge Mädchen und Frauen, die Jüngste erst 15, die Älteste schon 21, Freundinnen aus bekannten Familien aus dem Dorf, ein Querschnitt sozusagen seiner zukünftigen Entwicklung. Erleichtert stieben sie wieder auseinander und gingen zurück in den Festsaal, wo die Musik begonnen hatte aufzuspielen und das Tanzvergnügen nun seinen Lauf nehmen sollte. Die kleine Musikgruppe um Heinz Barth, der am Klavier saß und die Streicher an Bass und Violine und seinen Kumpel Karl Täufer an der Trompete quasi mit Kopfnicken dirigierte, hatte mit einem Potpourri bekannter Melodien begonnen. Nun forderte Heinz das hereinkommende Brautpaar zum Hochzeitstanz auf. Johann und Heidemarie begannen auch etwas schüchtern mit einem Wiener Walzer und schon bald gesellten sich andere Paare hinzu und füllten die Tanzfläche.

Viola setzte sich an den Tisch ihrer Eltern. Wilhelm Brunckhorst war der Schuster des Ortes und seine Frau Elfriede, die Tochter des Diakons Hermann Schütz, führte den Haushalt. Beide waren dafür bekannt, dass sie keinen Gottesdienst ausließen und Wilhelm war Mitglied des Kirchenvorstandes seit fast einem Jahrzehnt. So war es ganz natürlich, dass auch Viola sich viel in kirchlichen Kreisen aufhielt. Diese Frömmigkeit der Familie Brunckhorst war nicht nur angesehen, sondern wurde von einigen auch belächelt und Viola hatte in ihrer Schulzeit unter manchem dummen Spruch der Jungen in ihrer Klasse zu leiden gehabt. Jetzt hatte sie im Geschäft ihres Vaters eine Ausbildung als Schuhverkäuferin begonnen und hatte keinen Kontakt mehr zu diesen dummen Jungen. Aber sie war dennoch eingeschüchtert geblieben und saß nun als unbeachtetes Mauerblümchen am Tisch mit ihren Eltern und war nicht enttäuscht, als diese die Feier recht frühzeitig mit ihr zusammen verließen. Der einzige Junge, mit dem sie gerne getanzt hätte, der Jochen aus ihrem Bibelkreis, war nicht eingeladen und so war Viola eigentlich ganz froh, dass nicht irgendeiner der wilden Bauernsöhne sich einen Spaß daraus machen wollte, sie auf der Tanzfläche herumzuwirbeln. Viola war ein zehr zartes Pflänzchen.

Agnes Büttner war genau wie Viola ein Einzelkind. Nach einer Fehlgeburt spät in einer weiteren Schwangerschaft gab es Komplikationen, die dazu führten, dass ihre Mutter Agneta keine Kinder mehr bekommen konnte. Georg Büttner war Instrumentenbauer. Er fertigte sowohl Geigen als auch Gitarren und seine Instrumente waren im weiten Umfeld bekannt und beliebt. Seine schöne Frau Agneta hatte er auf einer Musikmesse in Stockholm gefunden. Sie war die Tochter des anerkannten Kompositionsprofessors Anders Hambüll und selbst auch Musiklehrerin. So lernte Agnes früh schon das Klavierspiel und ihre Mutter entdeckte und förderte ihre wunderschöne Stimme. Sie war erst sechzehn, aber als in einer Tanzpause sich ihre Mutter ans Klavier setzte, das ansonsten neben Heinz Barth der Scheepermoorer Männerchor für seine wöchentlichen Proben auf dem Saal nutzte, und Agnes einige Volksieder und auch ein aktuelles Operettencouplet mit ihrer engelhaften Stimme zum Besten gab, war nicht nur der Applaus herzlich und laut, in so manchem Auge hatte sich auch eine Träne gebildet, die heimlich weggewischt wurde. Und Agnes nahm schon professionell die Ovationen entgegen und konnte sich dann den ganzen Abend kaum der Tanzwünsche der jungen Männer erwehren. Agnes hatte Charme und eine unwiderstehliche Ausstrahlung und wirklich eine verführerische Stimme.

Helene Meyer saß ebenfalls am Tisch der Familie Brunckhorst zusammen mit ihren Eltern. Henrik Lauterberg war nicht Helenes leiblicher Vater. Der Landmaschinenschlosser hatte Klara Meyer, die Witwe des Werftarbeiters Klaus Meyer, 1898 geheiratet. Fünf Jahre zuvor war Klaus Meyer beim Bau einer Fregatte auf der Werft Blohm&Voss in Hamburg verunglückt und ums Leben gekommen. Helene war noch nicht einmal acht Jahre alt. Henrik Lauterberg war ein gemütlicher Mensch, der seine Frau redlich liebte und deren Tochter ein guter Ersatzvater wurde. 1900 wurde dann Helenes Halbbruder Tom geboren, um den sie sich liebevoll kümmerte. Nachdem sie nach der Volksschule ein Jahr auf der

Hauswirtschaftsschule gelernt hatte einen Haushalt zu führen, ließ sich Helene zur Kindergärtnerin ausbilden und arbeitete nun im Kindergarten der Kirchengemeinde.

Deshalb hatten die Gastgeber auch gemeint, dass man sie neben dem neuen Pastor der Gemeinde, Hubertus Finke, platzieren könnte. Hubertus war 29 und hatte in Scheepermoor seine erste Pfarrstelle angetreten. Er wurde noch etwas misstrauisch beäugt im Dorf, hatte aber auch schon erste Kontakte geschlossen und sich als gebildet und umgänglich gezeigt. Natürlich waren Helene und er sich schon hier und da dienstlich begegnet, es hatte aber noch keine Gelegenheit für persönliche Gespräche gegeben. Und so war auch Hubertus ganz glücklich, an einem Tisch zu sitzen mit Menschen, die gemeinsame Interessen und Gesprächsthemen hatten.

Und in der Tat, Helene und Hubertus waren sich sogleich sympathisch. Bald sprachen sie eigentlich kaum noch mit anderen und waren sehr vertieft. Schließlich fanden sie auch auf die Tanzfläche und als sie sich auch dort nur noch trennten, um erhitzt an der Theke etwas zu trinken, gab es schon das eine oder andere Getuschel an den Tischen, von denen aus das Paar mit aufmerksamen Augen beobachtet wurde.

Helene erfuhr von Hubertus, dass die Leiterin des Kindergartens bald ebenfalls heiraten würde und dann aus dem Dorf wegzöge. Er fragte sie frank und frei, ob sie sich nicht für die Stelle bewerben wolle. Er würde sie sicher gerne unterstützen. Und so verließ ein aussichtsreiches Paar spät und glücklich diese Hochzeitsfeier.

Ebenfalls sehr zufrieden ging Felicitas Becker am frühen Morgen heim, vielmehr sie ließ sich von zwei feschen Burschen beim Licht der aufgehenden Sonne nach Hause bringen. Den jungen Männern sah man an, dass sie lieber alleine dieses Vorrecht gehabt hätten, aber Felicitas hatte sorgfältig darauf geachtet, dass sich beide vielleicht Hoffnung auf mehr gemacht hatten, nun aber einsehen mussten, dass es nur zu einem Abschiedskuss auf die Wange reichen würde.

Felicitas war die Tochter des Apothekers Moritz Becker und seiner Frau Margarete, einer Tochter der wohlhabenden Hamburger Kaufmannsfamilie Möllemeier. Sie war 19 und hatte gerade ihr Abitur bestanden. Außer ihr war unter den Brautjungfern nur noch Agnes auf das Lyzeum in der Kreisstadt gegangen, allerdings einige Jahre später, dennoch kannte sie alle gut und war mit den Gleichaltrigen, also Dörte, Marta und Erdmute, auch befreundet. Aber als Tochter einer der Honoratioren des Ortes und mit Hamburger Geldadel im Rücken war sie doch auch bedacht darauf, sich von den Landmädchen zu unterscheiden. Ihr Kleid war das einzige aus Seide und es leuchtete mit seinem glänzenden Grün stets zwischen den hellen oder dunklen anderen Gewändern auf der Tanzfläche hervor. Einige der Mädchen nannten sie hinter vorgehaltener Hand arrogant oder zickig und das war sie sicherlich auch, wenn auch immer hinter einem Deckmantel aus Eleganz und Vornehmheit. Aber die jungen Männer, und nicht nur die jungen, flogen natürlich wie die Motten um eine lodernde Kerze um sie herum, sie wäre eine zu gute Partie gewesen. Felicitas nutzte und genoss ihre Anziehungskraft an solch einem Abend in vollen Zügen, tanzte mit wohl jedem Jüngling, hatte aber besondere Freude daran, auch den verheirateten Männern schöne Augen zu machen und sie nicht nur durch die Bewegung beim Tanzen ins Schwitzen zu bringen. Noch mehr Spaß machten ihr die ärgerlichen, zugleich aber auch ängstlichen Augen der dazugehörigen Frauen, wenn sie mit ihren Gatten eng angeschmiegt an ihnen vorbei rauschte. Aber Felicitas spielte nur mit allen. Sie hatte feste Pläne. Sie wollte in Hamburg Pharmazie studieren, wollte möglichst schnell raus aus diesem Nest und nie zurückkommen. Für sie bildete die Hochzeit gleichsam ein Abschiedsfest, das sie in vollen Zügen genoss.

Dörte war die Älteste von Schölermanns Hof, einem der größten und angesehensten im ganzen Landkreis. Auch deshalb stand sie in der dörflichen Rangordnung kaum hinter Felicitas und wurde von ihr als Freundin akzeptiert. Dörte hatte aber auch ein ganz natürliches starkes Selbstbewusstsein. Niemand wagte es, ihr am Zeug zu flicken, im Gegenteil, alle wandten sich gerne an sie, wenn sie Rat oder Hilfe brauchten. Und da sie meistens helfen konnte und half, war sie sehr beliebt und respektiert.

Günter Schölermann führte seinen Hof in siebter Generation, seine Familie und Scheepermoor, das war eins. Seine Frau Dorothea hatte er sich allerdings in Berlin gesucht. Er fand, dass ab und an das Dorfblut aufgefrischt werden sollte. Aber seine Frau aus der in großelterlicher Generation noch jüdischen Familie Rosenthal, war auch ausnehmend gut aussehend und ging mit ihm aufs Land, weil sie ihn von Herzen liebte. Ihre vier Kinder, zwei Jahre nach Dörte folgte der Sohn Winfred, vier Jahre später der zweite Sohn Siegfried und schließlich drei Jahre danach 1896 noch das Nesthäkchen Beate, waren Zeugnis für diese Liebesheirat.

Dörte arbeitete nach der Volksschule auf dem väterlichen Hof. Aber sie achtete schon darauf, dass ihre Hände zart blieben und ihre Gesichtshaut regelmäßig eingecremt wurde. Die körperliche Arbeit verschaffte ihr aber auch einen kräftigen, schlanken Körper. Dörte war sehr ansehnlich. Auf der Hochzeit trug sie aber, wie es sich für die Tochter eines Großbauern gehörte, natürlich Scheepermoorer Tracht. Das Haar war streng zurück gekämmt und verschwand zur Hälfte unter einer weißen Haube, eine kunstvoll bestickte violette Weste trug sie über einer dunkelgrünen Bluse und der ebenfalls dunkelgrüne bodenlange Faltenrock wurde vorne durch eine weiße, von Spitze durchbrochenen Schürze bedeckt. Dörte war das Bild einer starken Persönlichkeit, eine norddeutsche Bauersfrau, klug und von strenger Schönheit. Man erwartete, dass auch sie bald heiraten würde, aber auf dieser Hochzeit ließen sich noch keine eindeutigen Zeichen erkennen.

Auch Erdmute Miesner gehörte zu den Frauen, die durchaus auf dem Heiratsmarkt hätten sein können, und eine Dorfhochzeit war natürlich gleichzeitig auch ein Heiratsmarkt. Hier waren alle jungen, heiratsfähigen und auch heiratswilligen Männer und Frauen versammelt, man durfte sich im Tanz begegnen und das reichlich fließende Bier lockerte die Schüchternheiten. Aber Erdmute war schon vergeben. Sie war eigentlich nur zufällig auf Heimaturlaub, den sie gerne mit diesem Hochzeitstermin verbunden hatte, denn Heidemarie war eine ihrer engsten Freundinnen in Scheepermoor.

Erdmute war die älteste Tochter des Zimmermanns Hans Miesner und seiner Frau Frieda, einer Tochter des früheren Bürgermeisters Theodor Schönfeld. Da Ihre Mutter dem Vater im Geschäft half, Aufträge besorgte und die Buchhaltung führte, wurde Erdmute sehr frühzeitig für die Arbeiten im Haushalt eingesetzt. Ihre jüngeren Geschwister, Helga, zwei Jahre jünger als sie, und die Brüder Ludwig und Georg, 1893 und 1895 geboren, hatten ihr gegenüber mehr Muttergefühle als bei der eigentlichen Mutter, im Guten wie im Schlechten. Erdmute war immer da, sorgte für die Geschwister, tröstete sie liebevoll und half, wo sie konnte. Aber sie führte, als sie älter wurden, auch ein strenges Regiment, sorgte für Reinlichkeit und Ordnung in den Zimmern, verteilte Aufgaben beim Kochen und Saubermachen und kontrollierte die Hausaufgaben genau. Das brachte ihr den Spitznamen „Erdmute, die Resolute" ein. Die Schwester und besonders die jüngeren Brüder sahen es mit gemischten Gefühlen, als Erdmute 1905 nach Worpswede ging und in der Tischlerei ihres Onkels Elias weitere Erfahrungen im Umgang mit Holztechnik machen sollte.

Helga, weil sie nun viele Aufgaben von Erdmute übernehmen musste und nicht wusste, ob sie die großen Schuhe ihrer älteren Schwester würde füllen können, und die Jungen, weil sie hofften, nicht mehr so streng geführt zu werden, aber auch einen festen Anker in ihrem Leben verloren, das sie nun eigenverantwortlicher gestalten mussten.

Erdmute hatte im väterlichen Betrieb schon immer das Holz geliebt. Allein der Geruch der frischen Bäume, die herein kamen, um gesägt und bearbeitet zu werden, und dann die Ausdünstung frischer Sägespäne, in denen die Kinder allzu gern und zum Leidwesen der Eltern spielten. Sie hatte immer schon geschnitzt und gebastelt mit den Holzabfällen, die reichlich anfielen. Später hatte sie für ihre Puppenstube das Mobiliar selbst hergestellt. Für Erdmute stand früh fest, dass sie sich mit Möbeltischlerei und -design beschäftigen wollte. Nach dem sehr guten Mittelschulabschluss war aber zunächst nicht klar, wie das funktionieren sollte, denn eine Ausbildung für Frauen als Tischler war nicht vorgesehen. Deshalb ging sie schließlich zu ihrem Onkel nach Worpswede. Sie war eigens für die große Hochzeit als Brautjungfer ihrer Freundin Heidemarie nach Hause gekommen. Erdmute genoss auch das Eintauchen in die dörfliche Gemeinschaft, die fröhliche Feierlaune der Hochzeitsgäste und den Tanz, aber ihr wurde doch klar, dass dies eine Art von Abschiedsfeier für sie darstellte, dass sie nicht wieder würde zurückkommen können in diese Provinzidylle, dass ihre Ziele hier nicht zu erreichen waren.

Martas Vater, Ferdinand Ehlbeck, von allen stets „Ferdi" gerufen, hätte gerne einen Sohn und Stammhalter für seinen Maurerbetrieb gehabt, aber bei der Geburt von Martas drei Jahre jüngerer Schwester Elvira traten Komplikationen auf, die eine weitere Schwangerschaft ihrer Mutter Alwine, einer Tochter des Baustoffhändlers Hermann Schröder, unmöglich machte. Das führte dazu, dass die beiden Mädchen recht „männlich" erzogen wurden. So wurde weniger mit Puppen gespielt, als lieber mit auf die Jagd geführt, weniger ein zärtlicher, als vielmehr ein recht rauer Ton verwendet, weniger auf hübsche Kleider, als vielmehr auf praktische und robuste Kleidung Wert gelegt. Die Mädchen reagierten unterschiedlich darauf. Während Elvira sich wehrte und ihre weiblichen Attribute durchsetzte, wurde Marta tatsächlich zu einer herben, strengen Frau, die sich lieber in der Gesellschaft der jungen Männer als unter gleichaltrigen Mädchen aufhielt. Auch sie trug auf der Hochzeitsfeier Tracht, weil sie sich so nicht mit irgendwelchem modischen Firlefanz beschäftigen musste.

Marta hatte die Volksschule besucht und anschließend zwei Jahre die Höhere Handelsschule und war nun Buchhalterin, so wie ihre Mutter im Familienbetrieb, allerdings arbeitete sie in dem Baustoffhandel, den ihr Onkel, Hermann Schröder, betrieb. Und mit ihrem Cousin Rüdiger Schröder, der im väterlichen Betrieb mitarbeitete und nur ein Jahr älter war als sie, verstand sie sich zunächst recht gut. Es musste aber kurz vor der Hochzeit etwas vorgefallen sein, denn obwohl man Marta und Rüdiger schon bei verschiedenen Tanzfesten gesehen hatte, kam es an diesem Abend nicht zu einem gemeinsamen Tanz der beiden.

Die jüngste der Brautjungfern war Gesche Behrens. Sie hatte die Volksschule abgeschlossen und überbrückte die Wartezeit bis zum Beginn ihrer Ausbildung zur Hauswirtschafterin an der

Schule in Bremen damit, auf dem Hof ihres Vaters, Walter Behrens, zu helfen. Walter hatte als zweitältester Sohn seines Vaters den elterlichen Hof nicht gerbt, den bekam sein Bruder Michael. Aber Walter hatte klug geheiratet, nämlich die einzige Tochter von Werner Riebesehl, dessen Hof etwa gleichgroß wie der elterliche war. Und so waren nun beide Behrens-Brüder anerkannte Landwirte in Scheepermoor. Gesche hatte zwei ältere Brüder, Franz, sechs Jahre, und Ernst, drei Jahre älter als sie, die sich anschickten, ebenfalls tüchtige Bauern zu werden.

Gesche hatte zum ersten Mal ein Festkleid für die Hochzeit bekommen. Es war schwarz, nur aufgehellt durch einen gerüschten weißen Bluseneinsatz, aber sie fühlte sich dadurch plötzlich fraulicher. Und die Blicke der Jungen, die sie bemerkte, verunsicherten sie einerseits, machten sie gleichzeitig aber auch stolz.

Gesche hatte wenig Berührungsängste mit Jungen, immer waren Freunde ihrer Brüder auf dem Hof gewesen und sie hatte mitgespielt und -getobt. Aber ihnen nun im Tanz zu begegnen in ihrem schönen neuen Kleid, war doch etwas anderes. Die Schüchternheit des jungen Mädchens, die sich in einer zarten Rötung ihrer Wangen manifestierte, machte sie aber offensichtlich noch begehrenswerter. Besonders Friedrich Weise, der jüngere Bruder eines Freundes von Franz, hatte sich offenbar unsterblich in Gesche verknallt. Sie tanzten immer wieder miteinander und nach einem Glas Sekt an der Theke nahm er sie an der Hand und führte sie in den kleinen Garten, der sich an die Wirtschaft anschloss. Hier im Halbdunkel und im Duft der Rosensträucher küsste Friedrich Gesche zart auf den Mund. Sie war entzückt und erschrocken zugleich, ängstlich, aber wieder auch stolz, dass ihre erblühenden weiblichen Reize einen jungen Mann so hinreißen konnten. Beschwingt gingen sie wieder hinein und tanzten bis zum Schluss der Feier, als die letzten Gäste in einem Kreis zusammenstanden mit dem Brautpaar um ein aus Kerzen gebildetes Herz in der Mitte und mit den Musikern als gemeinsames Abschiedslied „Nehmt Abschied, Brüder“ sangen.

Die Hochzeit war vorbei. Es war ein Fest, über das noch lange gesprochen wurde. Und sie bildete den Ausgangspunkt von acht jungen Frauen in ihr Leben, dessen Verlauf sie sich noch nicht vorstellen konnten und das jeweils sehr verschieden sein würde für eine jede von ihnen.

Einige Tage später erhielt jede der Brautjungfern einen Abzug vom Hochzeitsfoto. Nein, sie hatten nicht wirklich „etwas freundlicher“ geschaut, wie Herr Wandeler es sich gewünscht hätte, noch nicht einmal in Richtung der Kamera. Aber ihre Blicke, der Ausdruck ihrer Gesichter war dafür sehr persönlich, sehr charakteristisch geworden. Jede von ihnen war erkennbar, nicht nur als Abbild, sondern in ihrer Persönlichkeit. Herr Wandeler war sich sicher nicht bewusst über dies fotografische Kunstwerk, das ihm da gelungen war und das auch für die jungen Frauen ein Erinnerungswert ganz besonderer Art werden würde.

Die kurze unglückliche Geschichte von Heidemarie und Johann

Heidemarie und Johann waren beide auf dem Bauernhof aufgewachsen. Der Kreislauf von Zeugung und Geburt war ihnen anschaulich bei Pferden, Schweinen und Kühen bekannt. Aber die Hochzeitsnacht nach der Feier war deshalb noch lange kein Selbstgänger. Heidemarie war selbstverständlich noch Jungfrau und auch Johann hatte sich die Hörner noch nicht abgestoßen bei den Huren auf der Reeperbahn, wie es sich viele andere junge Männer aus dem Dorf hin und wieder an den Wochenenden erlaubten.

Sehr still und sich offensichtlich genierend legte Heidemarie ihr Brautkleid ab, um sich gleich wieder in ihr langes, leinenes Nachthemd mit den Rosenstickereien zu hüllen. Auch Johann legte umständlich sorgfältig seine Hose und das Hemd auf einen Stuhl neben dem Doppelbett und hängte sein Sakko über die Rückenlehne. Und auch er schlüpfte in ein weißes, nicht ganz so langes Nachthemd, bevor er zu seiner Frau unter die Bettdecke kroch.

Erst nach einer Weile wagte er es, seine Hand zu Heidemarie hinüberzuschieben und zunächst ihre Hand zu ergreifen. Sie erleichterte ihm die Situation, indem sie sich zu ihm drehte und ihn auf die Lippen küsste. Nach und nach kamen sie sich näher, in kleinen Schritten und hin und wieder zurückzuckend. Schließlich drang Johann in seine Ehefrau ein, wohl bemerkend, dass es schmerzhaft war und sie sich zusammenreißen musste, um nicht zu weinen. Er kam dann schnell und zog sich fast hastig wieder zurück, als er doch eine Träne ihre Wange herunterrinnen sah. Etwas beklommen drehten sie sich dann jeweils auf ihre Seite des Bettes und versuchten noch ein paar wenige Stunden zu schlafen, bevor die Kühe wieder versorgt und gemolken werden mussten. Es war kein einziges Wort zwischen ihnen gefallen.

Heidemarie und Johann lebten auf dem Hanssohnhof. Für Heidemarie änderte sich wenig an ihrem täglichen Leben. Sie kannte den Hof ja gut, ihre Schwiegereltern waren ihr wohlgesonnen. Sie teilte sich die Arbeiten in Haus und Hof sinnvoll mit Ulla Hanssohn ein. Johann sah sie häufig den ganzen Tag nicht, wenn er auf den Feldern arbeitete. Nur in den Erntezeiten, wenn sie mit hinaus musste, um Garben zu binden und den Wagen zu beladen, waren sie häufiger beieinander. Ihr Umgang hatte sich kaum verändert. Sie waren sich schon immer freundschaftlich zugetan und das blieb auch so. Die nächtlichen Vereinigungen wurden einfacher, selbstverständlicher, aber sie waren nach wie vor von wenig Sinnlichkeit geprägt, hinterließen noch immer etwas Peinlichkeit und Johann beschränkte sich auf Wochenenden oder Feiertage, um Heidemarie nicht zu überfordern. Deshalb dauerte es auch noch einige Monate, bevor Heidemarie schwanger wurde. Im Mai war ihr das Ausbleiben ihrer ansonsten regelmäßigen Regel verdächtig und sie befragte Meta Schloen, die Hebamme in Scheepermoor, um Rat und die bestätigte ihr die Schwangerschaft und gratulierte als Erste dazu. Das Kind mochte wohl Ostersonntag, am letzten Tag im März, gezeugt worden sein und die Geburt könnte vielleicht nach Weihnachten zu erwarten sein.

„Johann, ich bin guter Hoffnung“, eröffnete Heidemarie ihrem Mann die erfreuliche Nachricht, als sie von dem Besuch bei Meta zurückkehrte.

„Das ist schön. Ich war schon etwas unruhig“, gab Johann zu. „Du musst dich bei der Arbeit jetzt mehr schonen, hörst du?“

Die Schwangerschaft hob die gesamte Stimmung auf dem Hanssohnhof. Ulla behandelte ihre Schwiegertochter wie ein rohes Ei, Hannes nahm ihr schnell die Forke aus der Hand, wenn er sie Stroh verteilen sah im Kuhstall und Johann ließ sich viel öfter zu einem zarten Kuss auf die Wange hinreißen als in den letzten Wochen. Heidemaries Bauch rundete sich ansehnlich, sie musste ihre Schwangerschaftsröcke ständig weiten und zu Festen wie dem Ernteball ging sie nun nicht mehr. Das Weihnachtsfest war zwar fröhlich ob der guten Ernte und der Erwartung des Nachwuchses, aber Heidemarie war ziemlich unbeweglich und konnte nur wenig helfen bei den Vorbereitungen des Festessens. Auch zur Christmette ging sie nicht mehr in die Kirche, auf den engen Kirchenbänken hätte sie keine Stunde mehr sitzen können.

Kurz nach Weihnachten setzte ein Schneetreiben ein, das die Wege und Straßen schnell im Schnee verschwinden ließ. Silvester und Neujahr führten ins nächste Jahr und noch immer setzten keine Wehen ein. Schließlich wurde Meta Schloen in das für die Geburt vorbereitete Schlafzimmer auf dem Hanssohnhof geholt, weil Heidemarie immer schwächer geworden war und Ulla sich Sorgen machte, wie die Geburt bewältigt werden sollte.

Meta stellte fest, dass das Kind sehr groß war und sich nicht gedreht hatte im Mutterleib. Auch sie meinte, dass die Geburt eingeleitet und das Kind gedreht werden musste. Während Tücher bereit gelegt und Wasser auf dem Herd gekocht wurde, lief Johann durch den kalten Abend zu Doktor Walter, dem alten Hausarzt, den Meta als Verstärkung bei der schweren Geburt dabei haben wollte. Und Johann war nicht nur kurzatmig, als er beim Arzt ankam, weil er gerannt, sondern auch weil er äußerst beunruhigt und ängstlich und besorgt um seine Frau war.

Stundenlang mischten sich das Gewimmer des eisigen Windes, der um die Hausecken fuhr, mit dem kläglichen Gejammer von Heidemarie, das immer wieder auch in ungehemmte Schreie überging, und den erfolglosen Bemühungen von Arzt und Amme, sie zu beruhigen, ihr gut zuzureden. Dann gegen Morgen, die Sonne war noch nicht aufgegangen, wurde es sehr still im Schlafzimmer. Johann, der im Wohnzimmer durchgewacht hatte, zeitweise auf dem Sofa sitzend, immer wieder aber auch Runden um den großen Eichentisch drehend, und seine Eltern wussten nicht, was sie davon halten sollten, denn es war kein Kinderschrei zu hören. Schließlich betrat Doktor Walter das Wohnzimmer und seine Leichenbittermiene verriet nichts Gutes, als er auf Johann zuging.

„Es tut mir sehr leid, Johann", sagte er mit brechender Stimme, „wir haben sie nicht retten können."

„Und das Kind?", fragte Johann matt in der Annahme, mit „sie" sei Heidemarie gemeint.

„Nein, beide nicht", verdeutlichte Walter die Katastrophe. „Es war ein Mädchen. Meta richtet sie her. Ihr könnt gleich Abschied von ihnen nehmen."

Blass und mit einem verzerrten Gesichtsausdruck lag Heidemarie in den dicken, weißen Kissen des Ehebettes. Das Neugeborene hatte Meta in ein großes Handtuch gewickelt und am Fußende des Bettes platziert. Das schrumpelige, winzige, graue Gesichtchen des kleinen Mädchens lugte mit geschlossenen Augen aus dem Tuch hervor, aber Johann konnte den Anblick nicht lange ertragen. Er setzte sich auf die Bettkannte, berührte schüchtern die Wange seiner Frau und zuckte unregelmäßig schluchzend zusammen.

Zur Beerdigung vier Tage später kam fast das ganze Dorf, mehr noch als zur Hochzeitsfeier. Auch die Brautjungfern, die zu Hause waren, Helene, Viola, Gesche, Agnes, Marta und Dörte standen am Grab, drückten Johann bedauernd die Hand und trennten sich erst nach der Kaffeetafel und leisen Gesprächen über die Ungerechtigkeit des Schicksals.

Ein Mann wie Johann zeigte nach außen seine Gefühle nicht. Gern hätte er sich zur Ablenkung in die Arbeit auf dem Hof gestürzt, aber in dieser Zeit waren lediglich die Tiere zu versorgen, die Felder lagen von einer Schneedecke zugedeckt im Winterschlaf. Öfter kam Mechthild, eine Cousine Heidemaries, ins Haus, um ihre Tante zu trösten, die den Tod ihrer Schwiegertochter nur schwer verwinden konnte. Und so saßen Hannes und Ulla, Johann und Mechthild oft um den Tisch zusammen, holten in der Dämmerung die Kerzen und die Spielkarten hervor und klopften Doppelkopf, um nicht in Trübsal zu versinken.

Mechthilds Besuche blieben auch durch das Jahr hindurch regelmäßig und schließlich tröstete sich Johann, indem er sie um ihre Hand bat. Im Frühling 1909 gab es erneut eine Hochzeit und eine neue Bäuerin auf dem Hanssohnhof.

Mechthild gebar drei Kinder, zwei Söhne und schließlich noch eine Tochter, als der Weltkrieg schon begonnen hatte. Ihre Geburten gingen unkompliziert vonstatten, aber Johann starb jedes Mal kleine Tode, er konnte die Erinnerung an Heidemaries Martyrium nicht verdrängen.

Eine Weile hatte die junge Familie gehofft, dass Johann nicht Soldat werden müsse. Es war nicht so, dass man nicht zunächst wie alle anderen den nationalen Hoffnungen auf einen schnellen Sieg anhing, aber im Sommer 1916 zeichnete sich ab, dass das Ende des Krieges nicht absehbar war und viele Familien hatten schon Söhne im Feld verloren. Johann schien als Landwirt eine Weile gefeit zu sein, die Versorgung von Militär und Bevölkerung hatte Vorrang. Aber dann verschärften sich die Bedingungen. Nicht nur, dass Hanssohns drei ihrer vier Pferde ans Militär abgeben mussten, nach der Ernte im Oktober 1916 wurde Johann eingezogen. Sein Zug brachte ihn nach Frankreich. Verdun hieß die kleine Stadt, deren Festung die deutsche Generalität nun schon seit Februar sich anschickte einzunehmen, bisher ohne Erfolg, dafür aber unter unsäglichen Verlusten.

Johann musste noch all die Schrecken erleben, die die Materialschlachten mit sich brachten, Trommelfeuer und Elend und Angst in den Schützengräben. Ein Brief von ihm erreichte seine Frau noch, in dem er davon vorsichtig berichtete, dann folgte nur noch die Nachricht von seinem Tod. Eine Granate hatte ihn erwischt. Im Feldlazarett, wohin sie seinen zerschundenen Körper trugen, hielten sie ihn noch eine Weile am Leben. Er wurde mit vielen anderen Halbtoten und Gliederlosen in einem Zug in die Heimat zurück transportiert, der anschließend wieder Waffen,

Munition und Menschenmaterial an die Front brachte. Dann aber war seine Kraft am Ende und er starb wie so viele, unglaublich viele andere auch in diesem Kriegswahnsinn. Der Leichnam wurde in den Heimatort überführt und Johanns Familie und seine Bekannten konnten wenigstens einen Körper begraben wie so viele, unglaublich viele andere nicht, deren Körper in der matschigen Trichterlandschaft der Schlachtfelder diffundierten.

Hier wurde er neben dem Grab seiner ersten Frau Heidemarie, in dem auch das namenlose Töchterchen lag, bestattet. Die Beerdigungsgesellschaft war diesmal viel kleiner. Viele Männer waren selber an der Front oder gar schon gefallen, viele Frauen konnten nicht von den Höfen kommen, die sie jetzt männerlos versorgen mussten. Aber Gesche, Marta und Dörte begleiteten auch Johann auf seinem letzten Weg. Zehn Jahre nach jener Hochzeit, auf der sie Brautjungfern waren, gab es das Brautpaar nicht mehr, lagen sie nun nebeneinander im Grab.

Nach dem Vaterunser und dem Handschlag mit Mechthild und Johanns untröstlichen Eltern gingen die drei Frauen noch an ein anderes Grab.

Viola I

Elfriede Brunckhorst war so glücklich gewesen nach der Geburt. Sie wusste noch nicht, dass es das einzige Kind bleiben würde, dass drei weitere Schwangerschaften in Fehlgeburten scheiterten, weil ihr Blut Rhesus negativ war. Sie würde das niemals wissen und den Verlauf ihrer Mutterschaft auf den Willen Gottes schieben. Aber nach der ersten Geburt lobte sie noch den Herrn, denn das Baby kam drei Wochen zu früh und überraschte sie im Schuhgeschäft kniend und einem Bauern neue Lederstiefel anpassend. Die Hebamme, damals noch Maria Schulze, wohnte zum Glück nicht weit vom Schuster und Wilhelm Brunckhorst holte sie aufgeregt ins Haus. Der Geburtsvorgang dauerte einige Zeit, war aber letztlich nicht allzu schwer, denn das kleine Mädchen wog nicht mal sechs Pfund. Es war klein, aber es saugte schnell an den vollen Brüsten der Mutter und wuchs zufriedenstellend.

Die Kleine wurde zwei Wochen später in der Johannes-Kirche von Pastor Lehmann auf den Namen Viola Maria Brunckhorst getauft und lag sehr ruhig in den Armen ihrer Patin Alwine Ehlbeck, als das reinigende Wasser über ihre Stirn geträufelt wurde. Ein stilles Mädchen, das sollte Viola zeitlebens bleiben. Elfriede lauschte oft angestrengt zur Wohnung über dem Geschäft hinauf, wenn es in ihren Brüsten zog und sie nur zu gerne Viola anlegen und sie von dem Druck befreien lassen wollte. Denn das zarte Gewimmer des Babys war nur mit den Sinnen einer Mutter zu vernehmen. Später saß Viola stundenlang in einer Ecke des Ladens und spielte mit ihren Puppen und den geschnitzten Holztieren, ohne von sich aus ihre Mutter bei der Arbeit zu stören, die sich aber gerne zu ihr setzte, wenn kein Kunde da war. Dann spielten sie gemeinsam und Viola barg sich im Schoß und an der Brust der Mutter und war zufrieden.

Die Schulzeit war eine schöne und schwierige Zeit zugleich für Viola. Sie ging gerne in die Schule. Sie war wissbegierig und fleißig. Schnell hatte sie das Alphabet gelernt und eine schöne Handschrift entwickelt, die die vielen Schnörkel der altdeutschen Schrift elegant meisterte. Sie schrieb als eine der ersten mit dem Füllfederhalter und nicht mehr mit dem Griffel auf der Schiefertafel. Und fast nie passierte ihr ein ungewollter Tintenfleck auf dem Papier ihres Schreibheftes. Der Lehrer Lohmeier lobte sie oft wegen ihrer Schönschrift. Und auch das Rechnen fiel ihr leicht. Das Einmaleins, unendlich wiederholt im Chor der Klassenkameraden gesprochen, kannte sie auswendig, die Grundrechenarten waren kein Problem für Viola. Lesen, ja, auswendig lernen von Gedichten, das alles machte ihr Spaß. Und auch das Interesse für die Heimatkunde, die Geschichte und natürlich den Religionsunterricht musste man ihr nicht erst einbläuen, wie so manchem der Bauernjungen im Dorf, die lieber in Wiesen und Feldern Räuber und Gendarm spielten.

Aber die Kehrseite der Medaille bekam Viola von eben diesen Burschen auch zu spüren. Immer wieder zogen sie ihr, der

Streberin, in den Pausen auf dem Schulhof die Schleifen aus den Zöpfen und warfen sie sich gegenseitig zu. Auch auf dem Heimweg am schmalen Bach entlang folgte Viola oft ein kleiner Trupp von Jungen und lästerte deutlich hörbar hinter ihrem Rücken. Einmal entriss ihr Klaus, der Sohn eines Großbauern, sogar das Buch, in dem sie gerade las und warf es in hohem Bogen ins Wasser des Baches, der neben dem sandigen Weg entlang floss, auf dem sie nach Hause gehen musste. Etwas weiter vorne hatten sich ein Paar Äste im Wasser verkeilt. An denen blieb das Buch hängen und es gelang Viola, es aus dem Bach zu ziehen. Mit dem Gelächter der Jungen im Rücken ging sie heim, hängte das Buch sorgfältig an die Wäscheleine, bis es getrocknet war und presste die gewellten Blätter anschließend mit einer Schraubzwinge aus der Werkstatt ihres Vaters zwischen zwei Holztafeln. Am nächsten Tag in der Schule sah man dem Buch nichts mehr an und Viola verlor nicht ein Wort über den Vorfall.

Viola war ein stilles Mädchen. Sie tat alles, was ihr der Lehrer oder auch ihre Eltern sagten und erfüllte ihre Aufgaben gründlich und gewissenhaft. Nur mit dem Neid und der Häme der Mitschüler wusste sie nicht umzugehen. Es löste auch keine Wut in ihr aus, eher Unverständnis und sie wurde dadurch eher noch stiller und zog sich zurück. Mit den anderen Mädchen verstand sie sich gut und die nahmen sie auch immer wieder in Schutz, wenn es die Jungen zu arg trieben. Doch man konnte nicht sagen, dass eine von ihnen eine richtige, eine beste Freundin gewesen wäre.

Im letzten Schuljahr, dem 8. der Volksschule, kam ein neuer Schüler in Violas Klasse. Er hieß Jochen Kröger. Sein Vater stammte ursprünglich aus dem Nachbarort Hasselheide, hatte dort Gastronomie gelernt und war für eine Zeit in Hamburg aktiv. Nun hatte er in Scheepermoor den Dorfkrug übernommen, die zweite Gaststätte neben dem Scheepermoorer Hof. In Hamburg war er auch kommunalpolitisch tätig gewesen und hatte, allerdings ohne Erfolg, für die SPD für die Hamburger Bürgerschaft kandidiert. Auch in Scheepermoor setzte er seine politischen Ambitionen weiter fort. Nach einigen Jahren wurde er Mitglied im Gemeinderat.

Jochen war hochgewachsen und sah mit seiner blonden Haarlocke, die ihm über die Stirn fiel, und seinen Sommersprossen für seine vierzehn Jahre gut und schon fast erwachsen aus. Er war nicht nur ein Stadtjunge mit ganz anderen Erfahrungen als die Bauernjungen aus dem Moor. Er fand auch solche kindischen Spielchen, wie sie sie mit Viola trieben, völlig unangebracht und stellte sich, sobald er die Situation durchschaut hatte, demonstrativ auf die Seite seiner Mitschülerin.

In einer der großen Pause beobachtete Jochen, wie sich ein kleiner Kreis aus Schülern um Viola gebildet hatte. Einige Jungen zogen immer wieder an Violas von ihrer Mutter sorgfältig geflochtenen Zöpfen und sie stand hilflos mit gesenktem Kopf und reagierte gar nicht. Schließlich löste sich eine der roten Schleifen und Mario schwenkte sie johlend über seinem Kopf.

Jochen näherte sich Mario von hinten, so dass er ihn nicht bemerkte, dann nahm er ihm schnell die Haarschleife aus der Hand, was ihm nicht schwerfiel, denn er war einen guten Kopf größer als der etwas pummelige Mario. Der war völlig verblüfft und wortlos und auch die übrigen gaben keinen Laut mehr von sich. In diese Stille hinein sagte Jochen: „Ihr seid feige und schwach. Wenn ihr einmal Männer werden wollt, benehmt euch auch danach." Dann gab er die rote Schleife Viola, legte den Arm um ihre Schultern und ging mit ihr aus dem Kreis.

Man sah Mario an, dass er schwankte, ob er dem Neuen zeigen sollte, wer hier auf dem Schulhof das Sagen hatte. Aber schließlich traute er sich dann doch nicht, machte nur eine abfällige Handbewegung und trollte sich mit seinem Gefolge. Viola wurde aber in den nächsten Monaten nie wieder belästigt.

Dafür hatte sie zum ersten Mal einen Jungen zum Freund. Mit den Mädchen des Dorfs verstand sie sich ganz gut und einige Einflussreiche wie Dörte hatten sie auch schon immer wieder vor den schlimmsten Übergriffen bewahrt. Aber das war natürlich nicht das gleiche wie ein großer, starker und ausgesprochen sympathischer junger Mann als Beschützer an ihrer Seite. Auch Jochen war sehr erfreut über diese Freundschaft, stellte sich Viola doch als ausgesprochen klug und belesen heraus. So hatten sie viel Gesprächsstoff über gelesene Bücher oder auch die politische Situation im Land. Jochen sprach oft mit seinem Vater über politische Themen am Mittagstisch. Das betraf sowohl die weltpolitische Lage als auch die Themen der Kommunalpolitik des Ortes.

Jochen stand, wie die meisten Kinder in der Klasse, auch vor der Konfirmation. Und so sahen sich die beiden zusätzlich noch am Nachmittag des Konfirmationsunterrichts, am Donnerstag. Der alte Pastor Lehmann merkte schnell, dass er da einen Konfirmanden ganz anderen Kalibers vor sich hatte, einen, der diskutierfreudig war, aber auch ein bisschen widerborstig. Jochen war natürlich beeinflusst von der politischen Ausrichtung seines Vaters. Was den Pastor aber besonders freute, war, dass die stille Viola im Zusammenspiel mit dem Neuen auftaute und jetzt öfter mal mitredete. Dass sie klug war, hatte er zumindest geahnt, aber eben nur selten erlebt. Jetzt zeigte es sich deutlich. Und sie war im besten Sinne fromm. Nächstenliebe, Barmherzigkeit, Vergebung waren für sie nicht nur Worte, sie versuchte ernsthaft diese christlichen Eigenschaften im Alltag zu leben.

Violas Eltern waren sowieso treue Kirchgänger und aktive Gemeindemitglieder. Und Viola hatte freudig und leicht gelernt, was immer er seinen Konfirmanden an Aufgaben erteilt hatte. Nun konnte sie das Gelernte einbringen und tat das in einer Art und Weise, die den Pastor dann doch überraschte. Vehement trat sie für ein friedliches Zusammenleben der Menschen, auch der Völker ein und lehnte jede Form von Gewalt ab.

Natürlich freute sich Pastor Lehmann, dass Viola, und natürlich auch Jochen, nach der Konfirmation in den Jugendkreis kamen und dort auch nach dem Schulabschluss blieben und bald unentbehrliche Helfer wurden, im Laufe der Jahre sogar Vertraute und Freunde, die er seinem Nachfolger im Amt, dem jungen Pastor Fink, besonders ans Herz legte.

Viola hatte nach der Schule eine Ausbildung als Verkäuferin im Schuhgeschäft ihres Vaters begonnen. Das geschah offenbar ohne Worte, unkommentiert und wie selbstverständlich. Sowohl Lehrer Lohmeier, als auch Pastor Lehmann, die sich des Öfteren im Dorfkrug beim Stammtisch sahen, waren sich einig, dass dies eine Verschwendung der Möglichkeiten des Mädchens war.

„Du kannst doch gut mit dem alten Brunckhorst", versuchte Lohmeier den Pastor anzustacheln, „wenn du ihm schonend beibringst, dass seine Tochter klug ist und nicht als Schuhverkäuferin in unserem Dorf versauern sollte, dann hört er vielleicht auf dich."

„Na, du hast ihr doch das gute Zeugnis ausgestellt. Konntest du ihn denn nicht überzeugen, dass sie damit weiter lernen, vielleicht studieren sollte?", konterte der Pastor. „Lass es uns beide noch mal versuchen. Prost!"

Aber alle vorsichtigen Versuche, sowohl mit Viola selbst, als auch mit ihrem Vater, darüber zu sprechen, scheiterten. Soweit, dem Vater Widerstand zu leisten oder auch überhaupt über eine andere Zukunft als im dörflichen Geschäft der Eltern nachzudenken, war Viola dann doch nicht. Sie fügte sich sittsam und gehorsam dem Wunsch des Vaters. Und sie war noch nicht einmal unglücklich darüber. Denn die Arbeit forderte sie kaum und es blieb ihr viel Zeit zum Lesen und auch für die Jugendarbeit in der Kirchengemeinde.

Viola hatte sich sehr darüber gefreut, dass Heidemarie Bahrenburg sie gefragt hatte, ob sie Brautjungfer auf ihrer Hochzeit werden mochte. Ulla Hanssohn war eine alte Freundin von Violas Mutter Elfriede und die Brautjungfern sollten möglichst je zur Hälfte aus dem Kreis des Bräutigams und der Braut kommen, wobei sich diese Kreise auch weitgehend überschnitten. Viola hielt nicht viel von Tanz und Heiratsmarkt und sie wusste auch, dass ihr Freund Jochen als Zugereister nicht auf der Feier sein würde, aber sie empfand es doch als Ehre einen solchen Platz auf dem großen Dorffest einzunehmen.

Die Predigt von Pastor Finke hatte ihr gut gefallen. Mit diesem jungen Pastor hatte die Gemeinde offensichtlich einen guten Griff gemacht. Viola gefiel er jedenfalls ausgesprochen gut. Die Köchin des Scheepemoorer Hofes hatte sich übertroffen und auch im Hause Brunckhorst gab es nicht jeden Sonntag einen solchen Schweinebraten, für den Johann selber die Tiere geliefert hatte. Viola hatte für ihre Verhältnisse ordentlich zugeschlagen und konnte vom Vanillepudding nur noch ein kleines Schälchen schaffen. Beim offiziellen Hochzeitsfoto hatte sich Viola wie von selbst ans linke Ende der Brautjungfernreihe gestellt und Fotograf Wandeler hatte daran auch nichts mehr geändert. Als Heidemarie ihr eine Woche nach der Feier das Foto brachte, freute sie sich darüber sehr. Sie ließ es rahmen und stellte es in ihrem Zimmer auf die Kommode neben dem Gruppenfoto der Konfirmanden, das drei Jahre zuvor gemacht worden war.

Wilhelm Brunckhorst war Abonnent der Neuen Hamburger Zeitung. Das ließ er sich etwas kosten, informiert zu sein über das Geschehen in der Welt auch außerhalb seines dörflichen Umfelds. Um halb zehn machte er seine Frühstückspause, trank seinen von Elfriede bereitgestellten Kaffee und las genüsslich in seiner Zeitung. Am Mittagstisch konnte er dann mit seinen aktuellen Informationen das Gespräch führen und gleich noch seine eigene Einschätzung der Weltpolitik dazu geben. Dabei blieb die Beteiligung der Frauen meist gering, sie hörten dem Gatten und Vater nur zu. Doch während Elfriede den Inhalt von Wilhelms Monolog schnell wieder vergaß, las Viola, sobald sie des Lesens mächtig war, am Nachmittag oder Abend gerne nach, was da in der Zeitung stand und sobald sie verständiger wurde, erkannte sie durchaus, dass Einiges von dem, was der Vater herausgelesen hatte, auch anders zu verstehen und auszulegen war. Nur selten unterbrach sie Wilhelms Mittagsrede durch Fragen oder Anmerkungen und ließ ihn dadurch kurz zögern und selten antworten, aber sie trug ihr Wissen gerne in die Gesprächskreise der Gemeindejugend und verblüffte damit die Männerrunde und verwirrte häufig die anderen Frauen, die der politische Aspekt des Glaubens eher irritierte.

Besonders interessierte sich Viola für die Afrika-Politik Kaiser Wilhelms II.. Sie empfand es, bestärkt durch ihren national eingestellten Vater, als richtig, dass auch Deutschland im Kreis der Großmächte ausländische Einflussbereiche beanspruchte und entwickeln konnte im Sinne einer europäischen Kultur. Besonders gefiel ihr, dass eine frühe Argumentation für die Kolonialisierung die Bekämpfung des Sklavenhandels durch muslimische Nationen war. Sie war gerade mit der Schule fertig, als die Berichte über den Herero-Aufstand die Zeitung füllten. Es war gar nicht so einfach herauszulesen, dass die Gründe für den Widerstand der Einheimischen in Deutsch-Südwestafrika erst dadurch entstanden waren, dass deutsche Großgrundbesitzer ihnen die Lebensgrundlagen nahmen, indem sie nach großen Verlusten durch eine Viehseuche auf ihr Gebiet gelaufenes Herero-Vieh für sich beanspruchten. Nur eine Entsendung von 15000 Mann rettete die schwache koloniale Schutztruppe und in der Schlacht am Waterberg wurden die Hereros geschlagen und in die Wüstengebiete getrieben. Dass sie dann dahin immer wieder zurückgedrängt wurden in den folgenden Jahren und achtzig Prozent des Hererovolkes den Hungertod starben, ging Viola allerdings gegen ihre zarte Natur. Eine Zeitlang hatte sie mit dem Gedanken gespielt, vielleicht doch auf die Deutsche Kolonialschule in Witzenhausen zu gehen, um dann in Deutsch-Südwestafrika landwirtschaftliche Pionierarbeit zu leisten und sie hatte durchaus auch die Vorstellung von christlich-missionarischer Arbeit dabei im Sinn. Aber die Unsicherheit in dem afrikanischen Schutzgebiet und die Grundhaltung gegenüber der Urbevölkerung ließ sie diesen Gedanken bald nicht mehr weiter verfolgen. Nur einmal noch leuchtete Violas Interesse für Afrika auf, als sie 1913 einen Artikel über Albert Schweitzer las. Sie hatte den Organisten Schweitzer einige Jahre zuvor in der Michaelis-Kirche in Hamburg in einem Konzert gehört, in dem auf sein neues Buch über Johann Sebastian Bach aufmerksam gemacht wurde. Nun las sie, dass der Musiker und Theologe jahrelang Medizin studiert hatte und gemeinsam mit seiner Ehefrau nach Gabun gegangen war, um dort ein Tropenkrankenhaus für die einheimische Bevölkerung in Lambarene zu betreiben. Ja, das war auch ihre Vorstellung wie Hilfe und Menschenliebe dahin gebracht werden konnte, wo sie gebraucht wurde, ohne den Hintergedanken an Gewinn und Machteinfluss.

Inzwischen besorgte Viola jedoch ein ganz anderes Problem. Die Politik des Kaisers hatte zu einer massiven Aufrüstung der Kriegswaffen und der Kriegsmarine geführt. Die frühere Politik Bismarcks, die Großmächte im Osten und im Westen durch Verträge auf Abstand zu halten, war völlig aufgelöst zugunsten einer Verbündung mit den Mittelmächten Österreich und Italien. Und offensichtlich wollte niemand die Gefahren erkennen, die sich durch gegenseitige Drohgebärden, eitles Säbelrasseln und eine unglaubliche Aufrüstung ergaben.

Viola war im Frühsommer 1913 vierundzwanzig Jahre alt. Noch immer verkaufte sie die Schuhe ihres Vaters im Geschäft.

Und sie war noch immer unverheiratet, für eine junge Frau ihrer Zeit und ihres Alters, nicht unbedingt üblich. Verschiedene Faktoren begünstigten das. Ihr Vater war mit seiner tüchtigen und ansehnlichen Verkäuferin ausgesprochen zufrieden und wollte sich gar keine Gedanken darüber machen, dass es nicht immer so bleiben konnte. Viola war zwar sehr redegewandt und ergriff engagiert in den Gesprächsrunden der Kirchengemeinde das Wort, aber darüber hinaus war sie doch sehr schüchtern und Jochen Kröger blieb ihr einziger engerer Freund über die Jahre. Jochen war in den Betrieb seines Vaters eingestiegen und bewirtschaftete mit ihm den Dorfkrug. Natürlich fühlte er sich von Anfang an zu Viola hingezogen, aber er wagte es einfach nicht, die Barriere zu durchbrechen, die sie um sich aufgebaut hatte, um ihr auch körperlich näher zu kommen. Er fürchtete die ihm wichtige Freundschaft aufs Spiel zu setzen, wenn er ihr seine Liebe gestand.

Natürlich wusste Viola, dass Jochen sie liebte und er tat ihr auch herzlich leid, wie er sich quälte mit der Frage, ob er sich ihr offenbaren sollte. Aber ihr gefiel ihr sorgloses Leben, ihr geregelter Alltag. Sie hatte noch gar keine Lust auf eine Familie, die Sorge um Gatten und Kinder, die Verbannung hinter den Herd. Sie wollte nicht die Frau vom Krögerwirt sein. Obwohl Jochen ihr wohl die Zügel recht locker gelassen hätte, erwartete sie von ihrer Umgebung eher, dass sie in die Schranken einer Ehefrau und Mutter gewiesen würde und dass sie dann nicht mehr so selbstständig und unabhängig die Stimme erheben könnte in den Gesprächsrunden. Und so blieb sie lieber Jochens beste Freundin. Und so vergingen die Monate ohne große Veränderungen.

Der 28. Juni 1914 war ein sonniger Sonntag. Jochen kam auf die Idee, nach dem Kirchgang in den Wald hinaus zu wandern und das Mittagessen auf einer Wolldecke auf einer Wiese einzunehmen. Kleine weiße Wölkchen zogen gemütlich über einen tiefblauen Himmel dahin und boten kurz Schatten vor einer leuchtenden Sonne. Jochen hatte einen wohlgefüllten Korb mit Brot und Mettwurst, Käse und Butter und ein paar Flaschen Bier und Limonade im Dorfkrug zusammengesammelt und nun gingen er und Viola fröhlich, ja singend in den Sommerwald hinaus. Insekten summten, die Vögel zwitscherten um die Wette, ein paar Rehe ästen auf der Wiese, an deren Rand sie es sich im Baumschatten eines Buchenhains gemütlich gemacht hatten. Es war ein wunderschöner Tag. So nah waren sich Viola und Jochen tatsächlich noch nie. Und ihre Gespräche drehten sich ausnahmsweise nicht um Politik oder Religion.

„Es ist so schön hier, so friedlich", sagte Viola mit leiser Stimme, „ich könnte ewig so hier bleiben."

„Möchtest du denn, dass alles immer so bleibt, wie es ist?", fragte Jochen.

„Ich weiß, dass das nicht sein kann. Aber manchmal, wenn man sich so ganz wohl fühlt, wenn alles richtig erscheint, möchte man die Zeit anhalten", antwortete Viola.

„Ein schöner Traum", murmelte Jochen ein wenig schlaftrunken, „wenns nur sein könnte."

Einige Zeit lagen sie stumm nebeneinander. Dann fasste sich Jochen ein Herz.

„Ich liebe dich, schon immer", flüsterte Jochen.

„Ich weiß", hauchte ihm Viola ins Ohr, „und du weißt, dass ich dich auch liebe, auch schon von Anfang an."

Dann lagen sie wieder schweigend und händchenhaltend nebeneinander und lächelten sich an. Schließlich begann Viola Jochen zu streicheln und zärtlich auf die Wange zu küssen und auch er ließ seine Hände über ihr Gesicht, ihre Arme, ihre Brust gleiten, sorgfältig darauf achtend, keinen Widerstand zu erzeugen, sie nicht zu erschrecken.

„Ich bin so froh, dass es endlich heraus ist", sagte Jochen und küsste sie leicht auf den Mund.

„Es wurde ja auch höchste Zeit, nicht wahr?" Viola lachte.

Es war ein letzter sorgenfreier Moment im Leben der beiden. Viola schlief in dieser Nacht tief und traumlos, nachdem sie zuvor noch einmal darüber nachgedacht hatte, ob sie die Beziehung zu Jochen nicht doch vertiefen, sich ganz auf ihn einlassen sollte. Wenn überhaupt eine Ehe in Frage kam, dann nur mit ihm, das war für sie klar.

Felicitas I

Apothekerin zu werden war 1906 noch nicht selbstverständlich, selbst für die einzige Tochter eines Apothekers nicht, der sie als seine natürliche Nachfolgerin sah. Denn Felicitas' jüngerer Bruder zeigte nicht die schulischen Leistungen, die für ein Studium nötig waren und auch keinerlei Interesse am Beruf des Vaters. Er wollte nach dem mittleren Schulabschluss beim Förster Lüders in die Lehre gehen. Frische Luft, Wald und Wiesen und die Jagd interessierten ihn mehr als Pulver und Pillen.

Seit einem guten Jahrzehnt durften Frauen zwar Pharmazie studieren und man hatte vor zwei Jahren sogar die Zugangsbestimmungen erleichtert, aber vor dem eigentlichen Studium von allerdings nur vier Semestern lagen immer noch drei Jahre als angestellte Hilfskraft in einer Apotheke. Für die Enkelin der Familie Möllemeier war es in Hamburg aber nicht schwer, eine geeignete Stelle bei einem befreundeten Apotheker zu finden. Theodor Brause, Schulfreund von Alois Möllemeier, Felicitas' Großvater, und mit seiner Frau Alvine kinderlos geblieben, nahm Felicitas wie eine eigene Tochter auf und sorgte für gute Kenntnisse, ohne die junge Frau zu sehr auszubeuten, wie es sonst durchaus üblich war in dieser Phase der Ausbildung.

Felicitas genoss die Großstadt, das internationale Flair der Hafenstadt, das breite Angebot an Kultur, Theatern, Konzerten und vor allem Tanzlokalen. Ein großzügiges Taschengeld von Opa Alois machte es ihr möglich daran teilzuhaben. Selten setzte sie sich in den Zug, um die Eltern und den Bruder in der popeligen Provinz, wie sie Scheepermoor gerne nannte, zu besuchen.

Schnell fand sich ein Freundeskreis aus gleichaltrigen jungen Menschen aus den vornehmen Hamburger Kreisen und Felicitas flatterte als bunter Schmetterling inmitten dieser feierlaunigen Schar. Ihre Ausbildung vernachlässigte sie allerdings nicht dabei. Onkel Theodor, wie sie ihren Dienstherren neckisch nannte, war sehr zufrieden mit ihr. Sie wollte am Ende schließlich unabhängig und selbstständig sein.

Aber Felicitas ließ auch in diesem Hamburger Kreis die männlichen Motten sabbernd um ihr helles Kerzenlicht flattern. Und immer wieder durfte dann der eine oder andere Glückliche in ihr Bett. Sie fand Gefallen an diesem Liebesspiel, achtete aber sehr darauf, dass sie keine Schwangerschaft riskierte. An Präservative kam sie in ihrem Beruf leicht heran. Außerdem kontrollierte sie sehr klar, dass es hier nur um Spaß, nicht aber um Liebe oder gar Eheträume ging. Das würde sie zu gegebener Zeit dann selber in die Hand nehmen. Und so ließ sie im Lauf der nächsten drei Jahre eine beachtliche Strecke von glücklich enttäuschten jungen Männern zurück und hatte nicht nur reichlich Erfahrungen gesammelt, sondern sich auch einen Ruf als Femme fatal geschaffen.

Von diesem ausschweifenden Nachtleben durften ihre Gasteltern Brause natürlich nichts erfahren und schon überhaupt nicht ihre Eltern im engen, prüden Scheepermoor. Diese Gefahr war allerdings ziemlich gering, Scheepermoor war weit, weit weg von der Weltstadt Hamburg.

Felicitas hatte sich einen größeren Kreis an Freundinnen aus der Hamburger Bürgerschaft geschaffen und konnte Onkel Theodor guten Gewissens versichern, dass sie bei der einen oder anderen über Nacht blieb, wenn sie am Wochenende tanzen ging. Sie sicherte sich auch wirklich ein Gästezimmer bei Rosa Schlichting oder Beate Jansson oder wie sie immer hießen, aber das Bett benutzte sie dann häufig nur in den letzten Morgenstunden. Denn zum Frühstück blieb sie nie bei dem jeweiligen Herren ihrer Wahl. Das nahm sie immer mit den Eltern ihrer Freundinnen ein, die dann gerne davon berichteten, was für eine nette junge Frau Felicitas sei und so gut erzogen, wenn sie Herrn oder Frau Brause bei öffentlichen Veranstaltungen begegneten. Bei allem Spaß, den Felicitas sich gönnte, war sie doch äußerst diszipliniert und in all den Jahren gab es keinen Verdacht für ihr Doppelleben. Ihre Freundinnen und auch die jungen Männer hielten dicht, schwiegen und genossen.

Zum Herbstsemester 1909 konnte sich Felicitas endlich an der Universität einschreiben. Außer ihr gab es noch zwei weitere weibliche Studenten, die übrigen 98 Pharmaziestudenten ihres

Jahrgangs waren Männer. Die beiden Kommilitoninnen waren beide aus Hamburg, nett und nicht unansehnlich, versteckten ihre Reize allerdings hinter strengen Frisuren und dunklen, hochgeschlossenen Kleidern, so dass auch im pharmazeutischen Studiengang die junge Kommilitonin mit den modischen Kleidern und den offen getragenen blonden, ins Rötliche changierenden Haaren hervorleuchtete und schnell umschwärmt war. Mit Hilda und Mechthild, den beiden anderen Studentinnen, pflegte Felicitas natürlich eine enge Beziehung. Frauen mussten zusammenhalten. Und in Hinsicht auf aussichtsreiche Heiratskandidaten konnten sie ihr nicht gefährlich werden.

Das Studium war für Felicitas kein Problem. Onkel Theodor hatte sie gut vorbereitet und sie war klug. Außerdem wirkte sie nicht nur auf die Kommilitonen, auch die zum Teil schon älteren Professoren kamen leicht in Wallung im Umgang mit dieser feschen und cleveren jungen Studentin. Manch einer legte seine Vorurteile gegenüber weiblichen Studentinnen in ihrem Fach gar schlussendlich beiseite.

Im letzten Semester wurde Felicitas bei einer Zusammenarbeit am Mikroskop Johannes Schlüter zugeteilt. Johannes' Eltern führten eine der größten Apotheken Hamburgs in der Nähe des Alsterufers. Er war ihr einziger Sohn und es stand nie außerfrage, dass Johannes die Apotheke übernehmen würde. Er war ein brillanter Student und würde gleichzeitig mit Felicitas abschließen. Es gab sogar einen kleinen Wettkampf um den besten Abschlussschnitt zwischen ihnen. Natürlich kannte Onkel Theodor die Schlüters und sprach in warmen Tönen von ihnen. Sogar Vater Becker hatte schon von der Apotheke Schlüter in Hamburg gehört, als Felicitas bei einem der seltenen Besuche zuhause erzählte, dass sie zusammen mit Johannes arbeitete.

Johannes war groß, größer als Felicitas, die mit ihren 1,74 Metern hochgewachsen war für eine Frau. Er sah gut aus mit seinen dunklen Haaren und dem feschen Schnauzbart. Auch er konnte sich modische Kleidung und ein schickes Auto, einen Mathis-Sportwagen, den er selbst aus Straßburg abgeholt hatte, leisten. Er war aber ansonsten eher zurückhaltend, ja fast schüchtern. So war er überrascht, sogar etwas verlegen, als er bemerkte, dass die Felicitas, von der alle sprachen, sich ihm offensichtlich zuwandte. Aber natürlich fühlte er sich auch geschmeichelt und heimlich hatte er schon gehofft, vielleicht eine Chance bei ihr zu bekommen.

Felicitas hatte ihre Wahl getroffen, die Spinne spann ihre Netze. Johannes konnte ihr nicht entkommen. Sie hatte reichlich Erfahrung, wie man mit welchem Männertyp anbandelte. Mit einem so schüchternen, offensichtlich noch wenig erfahrenen Mann wie Johannes musste man es langsam angehen lassen. Am besten wäre es, wenn sich die Situation so hindrehen ließe, dass er annahm die Initiative selber ergriffen zu haben.

Es war für Felicitas nicht schwer während des Mikroskopierens zufällige Berührungen der Hände herbeizuführen. Auch hilfesuchend zu ihm aufblicken, wenn sie ihm eine Frage stellte, die sie eigentlich längst für sich beantwortet hatte, konnte sie geradezu bezaubernd. In den Pausen lenkte sie dann das Gespräch vom Fachlichen zu privaten Themen. Sie ließ sich erzählen, wie Johannes mit dem Zug nach Straßburg gefahren war, um dann ziemlich abenteuerlich mit dem neuen Auto auf noch schlecht ausgebauten Straßen, aber durch wunderschöne Gegenden zurück nach Hamburg zu gelangen. Und allzu gerne ließ sie sich dann einladen zu einer Überlandtour mit dem schicken Flitzer, die in einem Picknick auf einer himmelblauen Wolldecke auf einer frischgemähten Wiese endete. Und ja, vermeintlich etwas zögerlich, aber dann doch, ergab sie sich seinen Küssen und etwas ungelenken Liebkosungen. Das Auto schien auf dem Heimweg angetrieben zu werden vom aufgeregten Glück, das Johannes empfand durch diese erhoffte, aber nicht wirklich erwartete Eroberung und durch das Glücksgefühl von Felicitas, deren Strategie hundertprozentig aufgegangen war, denn nun konnte ihr der junge Schlüter nicht mehr von der Angel rutschen.

Die äußeren Bedingungen waren ausgezeichnet. Beide Familien waren hoch erfreut über diese Verbindung. Schlüters war eine Möllemeier-Enkelin, die bei Theo Brause ausgebildet worden war, sehr recht und Vater Becker konnte sein Glück über einen Apotheker-Schwiegersohn aus einer bekannten Apotheke kaum fassen. Kurz nach dem gemeinsamen Examen im September 1911 fand die Hochzeit in einem vornehmen Hamburger Restaurant statt. Es war ein gesellschaftliches Ereignis erster Klasse. Felicitas sonnte sich im Zentrum der Aufmerksamkeit und Johannes quoll der Stolz über diese nun seine Frau aus allen Knopflöchern des Smokings.

Das junge Paar zog nach einer ausgiebigen Hochzeitsreise an den Wolfgangsee in die Hamburger Schlüter-Villa ein und übernahm Aufgaben in der Apotheke, um den alten Schlüter zu entlasten, der seinerseits nun gerne mit seiner Gattin auf Reisen ging.

Johannes erwies sich als gelehriger Schüler der erfahrenen Felicitas im Ehebett. Vorsichtig wies sie ihren stürmischen Ehemann darauf hin, wie sie die Freuden der Sexualität noch mehr genießen könnten. Sie zeigte ihm die Stellen, deren zärtliche Bearbeitung bei ihr die Erregung steigerten und sie hatte immer wieder Ideen, die erstaunlicherweise bei ihm die Dauer des Aktes hinauszögerten und damit die Kraft der Orgasmen steigerte. Irgendwo im Hinterkopf dämmerte es Johannes, dass diese Erfahrungen nicht nur aus Gesprächen mit anderen Frauen herrühren konnten, aber solche Gedanken wurden schnell wieder hinweggespühlt von der überwältigenden Lust, die Felicitas in ihm zu wecken vermochte. Auch Felicitas fand Gefallen daran, mit einem Mann, ihrem Mann die gemeinsamen Erfahrungen zu verfeinern, ganz legal und ohne Geheimnisse und immer wieder auch ohne Kondom.

Und obwohl Felicitas es nicht darauf angelegt hatte, wurde sie schon bald schwanger. Die Schwangerschaft verlief ereignislos, Felicitas konnte noch sehr lange in der Apotheke mitarbeiten. Und auch die Entbindung war eher anstrengend als schmerzhaft. Und sie war über ihre Tochter Freya, die im Juli 1913 geboren wurde, dann sehr entzückt. Dies wunderschöne, kleine Wesen, das sie in ihren Händen hielt und das sie anlächelte, machte sie wirklich glücklich. Und auch Johannes war stolz und glücklich und er vergötterte seine beiden Frauen geradezu. In der nächsten Zeit passte Felicitas aber auf, dass es nicht so schnell wieder zu einer Schwangerschaft kam. Sie hatte schnell wieder ihre schlanke Gestalt bekommen und wollte diese vorerst nicht wieder verlieren.

Dennoch war diese frühe Hamburger Zeit als Ehefrau und Mutter, eingebettet in die feine Gesellschaft, durch die Hilfe von Dienstboten und Kindermädchen mit Arbeit nicht überlastet, andererseits aber in ihrem Beruf tätig, eine der schönsten in Felicitas' Leben.

Marta I

Marta war das Kind einer Handwerkerfamilie. Ihr Vater Ferdinand war Maurermeister und führte das Geschäft seines Vaters schon seit einigen Jahren weiter und konnte sich nicht über Mangel an Aufträgen beklagen. Viele der Schweineställe in der weiteren Umgebung hatte er gebaut, aber auch einige Wohnhäuser. Er hatte gute Beziehungen zu den Architekten der Gegend und war für die Qualität der Arbeit seines Betriebes bekannt. Seine Frau Alwine führte nicht nur den Haushalt, sondern war auch zuständig für die Buchführung des Geschäftes. Marta hatte eine drei Jahre jüngere Schwester, Elvira. Ferdinand hatte sich natürlich einen Sohn gewünscht, der ebenso natürlich einmal das Geschäft weiterführen sollte. Aber nach Komplikationen bei Elviras Geburt, war Alwine nicht mehr in der Lage, Kinder zu gebären.

Ferdinand hatte sich mit diesem Schicksal abgefunden. Dennoch wirkte sich die Situation auf die Erziehung seiner Töchter aus. Sie wurden eher „männlich" erzogen, waren sein Ersatz für Jungen, die nicht mehr folgen würden. Ferdinand war nicht nur ein guter Maurermeister, sondern auch ein passionierter Jäger vor dem Herrn. Und so wurden die Töchter schon früh mitgenommen auf Pirschgänge und Jagd, natürlich auch in entsprechender Kleidung, so dass die Hose ein bevorzugtes Kleidungsstück gegenüber Kleidern und Röcken wurde. Das Aufbrechen einer Ricke oder eines Keilers nach erfolgreichem Schuss war für die Mädchen etwas völlig Alltägliches. Als sie alt genug war, zeigte Ferdinand seiner Tochter Marta auch den Umgang mit dem Jagdgewehr.

Elvira hatte sich da bereits distanziert und wehrte sich dagegen, wie ein Junge behandelt zu werden. Auch der Umgang mit Kelle, Mörtel und Steinen, an den der Vater sie heranzuführen versuchte, gefiel ihr nicht. Die Hände wurden rau, die Fingernägel litten. Elvira entzog sich der Suche ihres Vaters nach einem Sohnersatz.

Marta hingegen fand den burschikosen Umgang mit ihrem Vater, aber auch mit den Gesellen, immer als angenehm. Sie lief gerne in Hosen. Wenn sie zu feierlichen Anlässen von ihrer Mutter in hübsche Kleider gesteckt wurde, war sie immer froh, wenn sie sie wieder ausziehen konnte. Natürlich musste sie in der Schule Röcke tragen, aber die Jungen des Dorfes wussten, dass man mit ihr nach der Schule durchaus Pferde stehlen und anderen Unsinn treiben konnte. Sie war ein Kumpel.

Alwine bestand darauf, dass Marta nach dem Abschluss der Volksschule die Höhere Handelsschule besuchte und einen Abschluss in Buchhaltung absolvierte. Zum einen versprach sie sich dadurch Entlastung im eigenen Betrieb, zum anderen war klar, dass Marta intelligent war und eine gute Ausbildung haben sollte. Sie schloss die Ausbildung als Klassenbeste ab, ging dann aber zunächst als Buchhalterin in einen Baustoffhandel im Nachbardorf Westerode. Ferdinand Ehlbeck kannte den Besitzer als Geschäftspartner gut und war deshalb mit dieser Entwicklung einverstanden und auch Alwine sah ein, dass das Mädchen sich erst einmal woanders mehr Erfahrungen holen sollte.

Hermann Schröder führte den Baustoffhandel inzwischen gemeinsam mit seinem Sohn Rüdiger. Rüdiger war 25, als die achtzehnjährige Marta sich vorstellte. Sein Vater begrüßte sie fast wie eine alte Bekannte. Er war immer wieder einmal mit Ferdinand auf die Jagd gegangen und Marta hatte sie einige Male dabei begleitet. Die schlanke, junge Frau war in knöchellangem, dunklem Rock und weißer Bluse erschienen, über der sie eine helle Strickjacke trug. Ihr Haar hatte sie streng nach hinten zu einem Knoten gebunden. Rüdiger hatte von Marta gehört, kannte sie aber nicht persönlich. Nun stand ihm diese hochgewachsene, schlanke junge Frau gegenüber und er war er ein wenig hin und her gerissen zwischen ihrer strengen Aufmachung und ihrer durchaus vorhandenen weiblichen Ausstrahlung.

Marta stellte sich gut an bei der Arbeit. Schnell fasste Hermann Schröder Vertrauen in ihre Fähigkeiten und die junge Frau und ihre Kompetenz imponierten auch dem Oberbuchhalter Nolte, so dass Marta gut in den Betrieb integriert wurde und auch ihr selbst ihr neuer Arbeitsplatz gefiel. Sie fuhr jeden Morgen mit dem Fahrrad die knapp 12 Kilometer nach Westerode. Das hielt sie fit bei ihrer ansonsten sitzenden Tätigkeit und auf dem Rückweg konnte sie die Arbeitsanforderungen abschütteln und sich auf ihre Familie konzentrieren.

Elvira hatte inzwischen die Schule abgeschlossen und eine Lehre als Floristin im Blumengeschäft der Gärtnerei Krüger begonnen. Mutter und Vater schmissen das Geschäft also ganz allein und Alwine sehnte schon den Tag herbei, wenn Marta wieder nach Hause käme, denn ihr ging es gesundheitlich nicht gut. Die Arbeit strengte sie sehr an und immer wieder musste sie sich für eine Stunde hinlegen und erholen.

Nach einigen Wochen, in denen Rüdiger gesehen hatte, welch kluge und fleißige Mitarbeiterin mit Marta ins Geschäft gekommen war und er ihre strenge, aber ebenmäßige Attraktivität schätzen gelernt hatte, bemühte er sich auch außerhalb der Arbeit um sie. Wenn es allzu sehr regnete, bot er ihr gerne an, sie mit dem Kleinlastwagen samt Fahrrad nach Hause zu bringen. So lernte er auch Alwine kennen, die besorgt auf ihre Tochter wartete und die dann sehr erfreut über die Hilfsbereitschaft des netten jungen Mannes war. Dafür lud sie Rüdiger, samt seinen Eltern, zu einem sonntäglichen Mittagessen ein, das dann in sehr familiärer Atmosphäre auch stattfand. Schließlich nahm Marta die Einladung Rüdigers zu einer Tanzveranstaltung an, denn er war ihr durchaus nicht unsympathisch.

Dieser Dorftanz in Westerrode fand ein paar Wochen vor der Hochzeit von Johann und Heidemarie in Scheepermoor statt. Marta hatte sich sogar ein neues Frühlingkleid gekauft und trug die Haare offen, als Rüdiger sie abholte. Der war ganz begeistert von ihrem Aussehen und begierig, sie seinen Freunden und Bekannten vorzustellen.

Zu Beginn des fröhlichen Abends tanzte Rüdiger viel mit Marta, allerdings auch immer wieder mal mit Freundinnen aus seinem Dorf. Es war warm und es wurde reichlich Bier getrunken. Marta hielt sich allerdings an die Orangenlimonade. Als Rüdiger sie schließlich heim brachte, nicht mehr wirklich nüchtern, versuchte er sie zum Abschied zu küssen, aber Marta wand sich aus seinen Armen.

Aber Rüdiger warb weiter um sie und sie unternahmen in den nächsten Tagen nach Dienstschluss und am Wochenende Einiges gemeinsam. Auf einem Spaziergang kam es dann auch zum Austausch von Zärtlichkeiten und dem ersten Kuss.

Marta war ganz aufgewühlt. Einerseits mochte sie Rüdiger gerne und fühlte auch einen gewissen Stolz, vom Juniorchef umworben zu werden. Auch das Küssen und Streicheln waren ihr nicht unangenehm. Andererseits fühlte sie sich noch nicht bereit zu einer festen Bindung oder gar zur Ehe. Sie war jetzt zwanzig, durchaus im heiratsfähigen Alter, doch sie sah sich noch nicht als Ehefrau und schon gar nicht als Mutter.

Den entscheidenden Fehler machte Rüdiger, als er Marta bei einem sonntäglichen Spaziergang zur Jagdhütte seines Vaters führte. Dort hoffte er, über die üblichen Streicheleinheiten hinausgehen zu können. Er bedrängte Marta, küsste sie auf den Brustansatz und streichelte ihren Oberschenkel. Schließlich brachte er in der Umarmung ihre Hand so zwischen seine Beine, dass sie den sich dort spannenden Hosenstoff spüren musste. Aber Marta zuckte erschrocken zurück und errötete schamhaft. Sie sprang auf und bat Rüdiger in strengem Ton: „Bring mich bitte nach Hause. Ich will das nicht, nicht so."

Rüdiger erkannte, dass er zu viel erwartet hatte und bemühte sich um Entschuldigung.

„Es tut mir leid, Marta. Ich dachte, du würdest es auch schön finden und ich mag dich doch sehr."

Aber der Bruch war erstmal nicht mehr zu kitten. Schweigend gingen sie nebeneinander her. Grußlos verschwand Marta hinter der Tür ihres Elternhauses.

Marta dachte lange nach über ihre Reaktion. War sie zu schroff, zu prüde? Schließlich mochte sie Rüdiger eigentlich doch auch. Doch einige Tage später, in denen sie einem Kontakt mit

Rüdiger aus dem Weg ging, traf sie Dörte Schölermann am Sonntag nach dem Gottesdienstbesuch.

„Was war denn mit dir und Rüdiger?", fragte sie die erstaunte Marta.

„Wie kommst du darauf?", fragte Marta zurück, denn sie hatte niemandem von dem Vorfall erzählt.

„Mein Vater war gestern in der Kneipe in Westerode und hat gehört, wie Rüdiger, offensichtlich ziemlich betrunken, seinen Kumpels gegenüber prahlte, dass er dich schon rumkriegen würde, obwohl du dich erstmal zickig angestellt hättest. Was meint er denn damit?"

Marta errötete und antwortete etwas ausweichend: "Er hat sich neulich etwas daneben benommen. Aber ich kläre das wohl besser mit ihm selbst."

Marta kündigte fristgerecht dem überraschten und bestürzten Hermann Schröder mit der Ausrede, sie müsste sich um die Mutter und das väterliche Geschäft kümmern, was durchaus nachvollziehbar war.

Rüdiger sagte sie aber sehr klar die Meinung: „Ich bin kein Jagdwild, das einmal als Trophäe an der Wand der abgelegten Freundinnen hängen will. Du kannst deinen Freunden erzählen, dass du mich nicht rumgekriegt hast, wenn du mutig genug dazu bist."

Deshalb war Marta bei der Scheepermoorer Hochzeit zwar wegen der Kündigungsfrist noch in Schröders Diensten, kam aber nicht mehr etwa in Begleitung seines Sohnes zum Fest.

Die Unterstützung der Eltern war indes tatsächlich nötiger, als Marta gedacht hatte. Alwine erkrankte ernsthaft an Gebärmutterkrebs. Marta musste ihre Arbeit schnell vollständig übernehmen und sie zudem im Wechsel mit ihrer Schwester pflegen. Schon im Februar 1907 starb Alwine Ehlbeck, geborene Schröder, und wurde auf dem Friedhof bei der Johannes-Kirche bestattet. Ferdinand war untröstlich, doch es blieb ihm nicht viel Zeit zur Trauer. Das Geschäft musste weitergehen und zum Glück war Marta da, um ihm die Buchhaltung abzunehmen. Beide Mädchen, Elvira und Marta, kümmerten sich rührend um den Vater, aber sie konnten ihm natürlich die Frau nicht ersetzen.

Die Jahre verliefen ereignislos. Für Marta, die ganz in ihrer Arbeit für das Geschäft aufging, zeichneten sich keine neuen Beziehungen ab. Ein Grund dafür war vielleicht, dass Rüdiger bei bierseligen Thekengesprächen seine Kumpel vor diesem zickigen Mannweib warnte. Elvira hingegen heiratete 1911 einen jungen Bauern und ging aus dem Haus.

Und auch Kurt überwand seinen Schmerz über die zu früh gegangene Ehefrau. Er hatte die junge Witwe des Mahlers Lowinski, Elisabeth, kennengelernt. Ihr Mann war vom Gerüst gestürzt und hatte die junge Frau, sie war beim Tod ihres Manns erst 34, in recht ungeordneten Verhältnissen und kinderlos zurück gelassen. Sie war deshalb nicht abgeneigt, als der zwar schon über fünfzigjährige, aber noch rüstige Maurermeister ihr beim Schützenfest den Hof machte. Ein knappes Jahr später heiratete Ferdinand Elisabeth und Marta bekam eine „neue Mutter" in den Haushalt, die nur zehn Jahre älter war als sie.

Schnell zeichnete sich ab, dass Elisabeth wenig geneigt war viel Arbeit im Haushalt zu übernehmen. Sie genoss vielmehr nach einiger Zeit der Entbehrungen, dass ihr neuer Ehemann im Stolz über seine Eroberung großzügig war und mit neuen Kleidern, auswärtigem Essen und manchem Schmuckstück nicht geizte. Kein Wunder, dass Marta nicht begeistert war und sich zwischen den Frauen keine Freundschaft entwickelte. Elisabeth spielte die Frau im Hause und behandelte Marta oft wie eine Dienstmagd. Marta, die selber stets anspruchslos gewesen war, musste also mitansehen, wie die Geschäftseinkünfte in Ausgaben für die neue Frau verschwanden und gleichzeitig ihre Arbeit nicht anerkannt wurde. Die Atmosphäre im Hause Ehlbeck wurde recht bald sehr eisig und auch nicht gerade besser dadurch, dass Ferdinand sich häufig auf die Seite seiner jungen Frau stellte und damit die jahrelange Aufopferung seiner Tochter für ihn nicht respektierte, ja negierte. Dennoch blieb Elisabeth, auch mangels Alternativen, im Haus, erledigte ihre Aufgaben still und ertrug die Situation stoisch. Aber das ehemals burschikose und liebevolle Verhältnis zu ihrem Vater erstarb umso mehr, je mehr Elisabeth sich dazwischen drängte.

Agnes I

Agnes ging ebenso wie Felicitas auf das Lyzeum der Kreisstadt, allerdings drei Klassen unter ihr. Deshalb war ihr Kontakt zu Felicitas auch nur oberflächlich. Ihre Mutter hatte auf der höheren Schulbildung bestanden, obwohl schon früh deutlich wurde, dass Agnes' Berufung in der Musik lag. Ihre aus Schweden kommende Mutter war selbst Musiklehrerin und unterrichtete Privatschüler im Klavierspiel und auch ein paar wenige, meist schon etwas ältere Frauen, im Gesang. Ihre Tochter war allerdings ihre Meisterschülerin und schon gut ausgebildet, als sie nach dem Abitur nach Hamburg ging, um sich weiter fortzubilden, aber auch nach ersten Engagements zu suchen.

Agnes' Vater, der Instrumentenbauer von Geigen und Gitarren, hatte versucht ihr das Violinspiel nahezubringen, aber sie zeigte wenig Begabung und Interesse. Die Gitarre lag ihr schon eher, weil sie auch als Begleitinstrument für ihren Gesang schneller zum Ziel führte. Auch am Klavier hatte ihre Mutter ihr die wichtigsten Grundlagen beigebracht, aber der Gesang war und blieb ihre Domäne. Sie hatte eine klare und kräftige Sopranstimme, die aber auch noch in der Altlage schön klang.

In Hamburg nahm Agnes zunächst Unterricht bei dem bekannten Operntenor Carl Waschmann. Der schon etwas ältere Herr war entzückt von ihrer Stimme und besorgte ihr auch einen Vorsingtermin in der Deutschen Oper, aber weil sie keinerlei Schauspielausbildung hatte und ihre Stimme für die Oper noch sehr jung war, bekam sie kein Engagement. Dennoch fand ihr Auftritt Gefallen und man gab ihr ein Empfehlungsschreiben mit, um sich in der Central-Halle in St. Pauli vorzustellen, wo Chanson-Abende und Operettenaufführungen gegeben wurden. Und es zeichnete sich ab, dass ihr Chansons und Operetten mehr lagen als das schwere Opernfach. Da sie sich inzwischen zu einer sehr ansehnlichen Frau entwickelt hatte und ihr auch die Schauspielerei große Freude machte und gut gelang, gab es ein erstes Engagement in der Central-Halle. Linckes „Frau Luna" wurde in einer überarbeiteten Fassung aufgeführt und Agnes durfte als Marie debütieren. Der Erfolg der Operette, aber auch ihre Anerkennung in der Nebenrolle, brachten ihr weitere Engagements und später auch Hauptrollen.

„Hallo, ich bin die Grete. Bist du Agnes?"

Agnes traf Grete Dierks zum ersten Mal bei den Proben zu Lehars „Die lustige Witwe" im Sommer 1913. Grete spielte die Hauptrolle *Hanna,* Agnes die *Valencienne.* Es stellte sich heraus, dass sie gleichaltrig waren. Grete Diercks, so jung sie war, war schon ein Star am Operettenhimmel, sowohl in Hamburg, als auch immer wieder in Berlin, woher sie für diese Produktion gekommen war.

Gretes offene Art ohne auch nur den Anflug von Starallüren gefiel Agnes und schnell ging ihre Beziehung über die Zusammenarbeit hinaus und die beiden wurden beste Freundinnen.

Die Dritte im Bunde wurde Zerline Drucker, die ihren Mädchennamen als Künstlernamen behalten hatte, obwohl sie schon seit zwanzig Jahren mit Sigurd Lunde verheiratet war. Zerline stammte ebenfalls aus Hamburg, war aber viel in Berlin und einige Jahre auch in Riga beschäftigt. Sie hatte es geschafft vom Operettenfach zur Oper zu wechseln. Mit Mitte fünfzig ließen die Anfragen der Opernhäuser aber langsam nach und so hatte sie die Gelegenheit ergriffen und die Rolle der Olga in der „Witwe" zu singen und sich wieder einmal etwas länger in ihrer Heimatstadt aufzuhalten. Sie nahm nun die beiden jungen Hüpfer unter ihre Fittiche, zeigte ihnen manchen Trick aus ihrem Erfahrungsschatz und fühlte sich sehr wohl in ihrer „Mutterrolle".

Grete und Agnes konnten anfangs ihr Glück kaum fassen, dass „die Drucker" ihnen so gewogen war. Schnell entstand aber ein gutes Gefühl der Vertrautheit zwischen den Frauen und die Zusammenarbeit lief hervorragend. Dabei hatten sie viel Spaß und es wurde oft gelacht während der Proben und ausgiebig gefeiert nach den vom Publikum enthusiastisch angenommenen Aufführungen.

Agnes erlebte eine wunderschöne Zeit. Sie bekam immer mehr Selbstvertrauen und traute sich nicht nur nun auch Hauptrollen zu, sondern bekam auch Anfragen dafür.

Agnes hatte schon als junges Mädchen gefühlt, dass das Getuschel und Gerede der anderen Mädchen über Jungs und Mitschüler für sie völlig uninteressant war. Einige ihrer Mitschülerinnen am Lyzeum aber fand sie sehr anziehend und suchte ihre Nähe. Als sie mit ihrer Mutter Agneta darüber sprach, war diese zunächst erschrocken.

„Mein Kind, wie soll ich es sagen?", begann Agneta. „Was du fühlst, ist normal und in Ordnung. Es gibt Frauen, die Frauen lieben und für die Männer uninteressant bleiben. Aber so wie ich sehen das die wenigsten Menschen. Sie halten es für unnatürlich, dass Frauen Frauen und übrigens auch Männer Männer lieben. Und leider ist das auch sogar gesetzlich verboten."

„Wie kann etwas vom Staat verboten sein, das jeder Mensch doch nur für sich persönlich entscheiden kann?", wollte Agnes wissen.

„Das hat sicher etwas mit der Ehe und dem Kinderkriegen zu tun, was ja nun nur von Frau und Mann bewerkstelligt werden kann. Alle anderen Paarbildungen gelten als unnatürlich. Auch mit der Religion hängt das zusammen, denn in der Bibel ist nur von der Ehe zwischen Frau und Mann die Rede. Jedenfalls muss ich dir raten, sehr vorsichtig mit deinen Gefühlen umzugehen. Es ist gefährlich dich zu deiner Liebe zu bekennen. Wer weiß, wie die andere Frau darauf reagiert und was für Folgen sich daraus ergeben können?"

„Aber wenn ich mir sicher bin, dass auch die andere Frau mich liebt", versuchte Agnes einen Ausweg für sich zu finden.

„Selbst dann ist das ein hohes Risiko", sagte Agneta jetzt schon etwas strenger. „Du solltet darüber nicht mal mit deinem Vater sprechen, mit niemandem. Du wirst damit leben müssen. Konzentriere dich lieber auf deine Karriere."

Agnes, völlig verschreckt und geschockt durch dieses Muttergespräch, hatte sich daran gehalten und war aber immer wieder auch eine Zeitlang unglücklich, wenn sie eine Kollegin sehr mochte und sich ihr nicht zu offenbaren wagte.

Die Beziehung zu Grete und Zerline war deshalb sehr entspannt, denn Zerline war längst verheiratet und Grete war offensichtlich den Männern zugeneigt. Sie waren einfach nur gute

Freundinnen. Und hinter denen konnte sich Agnes auch verstecken, wenn ein männlicher Kollege ein Auge auf sie geworfen hatte und ihr Avancen machte oder ein Verehrer ihr nach der Vorstellung Blumen in die Garderobe schickte und eine Einladung zum Essen damit verband. Und das geschah nicht selten. Agnes blieb nach den Vorstellungen mit ihren Freundinnen zusammen und ließ die Verehrer abblitzen. Bald galt sie unter den männlichen Kollegen als spröde, zickig oder gar prüde, weil keiner bei ihr landen konnte. Aber das war Agnes gerade recht. Und sie richtete sich ihr Leben allein, nur mit ihrer Musik, entsprechend ein. Die Musik und der künstlerische Erfolg mussten eben reichen. Eine eigene Familie wollte sie sowieso nicht und Kinder hätten der Karriere nur geschadet. Aber eine Partnerin fehlte ihr über die Jahre schon sehr. Doch immer, wenn sie sich verliebte, hörte sie die Warnungen ihrer Mutter im Inneren und so blieb sie allein.

Helene I

Susanne Schulze aus Scheepermoor hatte den Werftarbeiter Klaus Meyer in Hamburg kennengelernt und lebte nach ihrer Hochzeit mit ihm in der Hansestadt. Sie war noch erst 19, als ihre Tochter Helene 1885 geboren wurde. Das kleine Mädchen wuchs in einem Mietshaus in der Nähe des Hafens auf. Von Anfang an war sie schüchtern und sanft und sehr niedlich.

Sie war im 3. Schuljahr, als sie eine Tages von der Schule heimkam und in der Wohnung große Aufregung herrschte. Ihre Mutter war in Tränen aufgelöst und Nachbarinnen versuchten sie zu trösten und kümmerten sich auch gleich um die heimkehrende Helene.

„Hör mal, Helene“, begann Grete Ravenhorst, eine gute Freundin und Nachbarin von Susanne und zog Helene auf ihren Schoß, „es ist etwas sehr Schlimmes passiert. Dein Vater hatte einen Unfall auf der Werft, er ist von einem Gerüst gestürzt und dabei gestorben."

Helene saß versteinert da, hörte die Worte zwar und verstand auch, was sie bedeuteten, konnte es aber nicht wirklich begreifen, was da so plötzlich und aus heiterem Himmel ihr Leben veränderte. Bis zur Beerdigung fünf Tage später sagte sie nicht mehr ein Wort, tat, was man ihr auftrug, ließ sich in ein schwarzes Kleid kleiden, ließ sich von der Mutter streicheln, aber vergoss nicht eine Träne. Erst am offenen Grab, als der Sarg hinabgelassen wurde von sechs Hamburger Sargträgern in Tracht, als sie ihren kleinen Blumenstrauß hinterherwerfen sollte, wurde ihr bewusst, dass sie den geliebten Vater nie wieder sehen, nie wieder mit ihm lachen würde. Und die Tränen rannen unablässig und ein unbeherrschtes Schluchzen schüttelte sie. Susanne nahm ihre Tochter in den Arm und hielt sie ganz fest.

„Wir beide schaffen das auch ohne ihn. Wir müssen. Es wird nicht leicht, aber es geht immer irgendwie weiter", flüsterte sie ihr zu.

Susanne und Helene Meyer waren gezwungen ins heimische Dorf zurückzukehren und bei den Eltern Hermann und Else Schulze unterzukriechen. Der Vater war Schneider und Susanne half ihm bei seiner Arbeit. Sie hatte auch in Hamburg ein zusätzliches Haushaltsgeld mit Ausbesserungsarbeiten an den Kleidern in ihrem Wohnviertel verdient. Helene kam als „Neue" in die 3. Klasse der Volksschule in Scheepermoor und obwohl sie fleißig und klug war, dauerte es einige Jahre, bis die Dorfkinder sie ganz akzeptierten.

Das besserte sich, als Susanne fünf Jahre später, 1898, den ebenfalls früh verwitweten Landmaschinenschlosser Henrik Lauterberg heiratete. Der war nur vier Jahre älter als Helenes leiblicher Vater und stellte sich nicht nur als liebender Ehemann, sondern auch als treusorgender Ersatzvater heraus und Helene hatte ein gutes Verhältnis zu ihm. Als im Mai 1900 ihr Halbbruder Tom geboren wurde, kümmerte Helene sich von Anfang an um das Kind liebevoll und geschickt.

Als sie die Volksschule beendet hatte, ging Helene zunächst für ein Jahr nach Bremen zur FEAV auf die Hauswirtschaftsschule.

Im ausgehenden 19. Jahrhundert drängten Frauen immer stärker in Ausbildungsberufe. In Bremen hatte sich in den Jahren vor 1900 die Auskunftsstelle für Wohltätigkeit gebildet mit Unterstützung des Bremer Senators Hermann Hildebrand. Die ehrenamtliche Geschäftsführerin war dort seit 1897 Meta Sattler, die in Leipzig eine Ausbildung als Kindergärtnerin erhalten hatte, dann aber wieder nach Bremen zurückging, weil sie nach dem Tod ihrer Mutter den väterlichen Haushalt führen musste. Ihre Tante, Henny Sattler, war die Mitbegründerin des Frauen-Erwerbs- und Ausbildungsvereins, der unter anderem eine Abteilung zur Ausbildung von Haushälterinnen unterhielt. Dorthin wurde nun Helene für ein Jahr zur Ausbildung geschickt.

Sie lernte auch Meta Sattler kennen und im Gespräch mit ihr wurde deutlich, dass ihr Hauptinteresse bei der Erziehung kleiner Kinder lag. Meta hatte inzwischen gute Verbindungen in Bremen und vermittelte Helene nach Abschluss ihrer Ausbildung als Hauswirtschafterin an eine Bremer Kirche weiter, die eine Ausbildungsstätte für Erzieherinnen hatte. Nach einem weiteren Jahr kam Helene zurück nach Scheepermoor und baute dort an der Johannes-Kirche zusammen mit Erna Schneupel, die schon Erfahrungen auf diesem Gebiet aus Süddeutschland hatte, einen neuen Kindergarten auf.

Auf diese Weise konnte sie sich auch weiter in den elterlichen Haushalt einbringen und um ihren kleinen Halbbruder kümmern.

Die Hanssohn-Hochzeit wurde für Helene zum Wendepunkt ihres Lebens. Die Begegnung mit dem jungen Pastor Hubertus Finke führte nicht nur dazu, dass sie die Leitung des Kindergartens übernehmen konnte, als es Erna wieder zurück nach Süddeutschland zog, sondern auch zu einer Verlobung und der Heirat mit dem Pastor. 1909 heirateten Helene und Hubertus. Sie führte nun nicht nur den Kindergarten, sondern auch den Pastorenhaushalt und erwarb sich die Anerkennung der Gemeinde für ihre Arbeit.

Im Laufe der Jahre kamen drei Kinder, 1910 der Sohn Markus, 1912 die älteste Tochter Sarah und 1915 die jüngere Schwester Rebecca. In den Kriegsjahren, nach der Schwangerschaft mit Rebecca, kehrte Helene nicht mehr in den Kindergarten zurück, gab für einige Zeit die Arbeit auf und kümmerte sich ganz um die Familie. Aber als auch die Jüngste schließlich in die Schule kam, und die Leitung des Kindergartens vakant wurde, waren alle froh, dass sie sie wieder übernahm.

Gesche I

Gesche Behrens war auf Riebesehls Hof aufgewachsen. Ihr Vater Walter hatte den elterlichen Hof nicht erben können, weil es einen älteren Bruder, Bernhard, gab. Aber Walter hatte sich zu helfen gewusst und die einzige Tochter der Riebesehls, Renate, geheiratet und führte den Hof der Schwiegereltern inzwischen selbstständig nach dem frühen Tod von Renates Vater. Die Schwiegermutter hatte ihr Altenteil auf dem Hof und versorgte zusammen mit ihrer Tochter den Haushalt. Gesche hatte zwei ältere Brüder, Ernst und Franz, und war das Nesthäkchen der Familie. Sie wurde von Mutter, Großmutter und auch den Brüdern verwöhnt und verhätschelt. Am liebsten saß sie aber unter dem großen Lindenbaum im Hof, um deren dicken Stamm ihr Großvater lange vor ihrer Zeit ein Sitzbank gebaut hatte. Dort hatte sie dann ihre Buntstifte und den Tuschkasten um sich herum gestellt und malte und zeichnete ein schönes Bild nach dem anderen. Die jeweils neuesten Bilder mussten natürlich in der großen Küche aufgehängt werden.

Die Hanssohn-Hochzeit fiel in den Sommer nach Gesches Volksschulabschluss. Sie wartete auf den Beginn einer Ausbildung als Hauswirtschafterin auf einem Hof im Nachbarort und half solange auf dem elterlichen Hof. Sie war mit 15 Jahren die jüngste der Brautjungfern, doch sie kannte natürlich alle anderen jungen Frauen, war aber in ihrer Art etwas schüchtern und zurückhaltend.

Aus dem ersten Kuss, den Gesche von Friedrich Weise, einem Freund ihres Bruders Franz, erhielt, entwickelte sich nicht mehr, denn Gesche ging ja schon sehr bald auf ihren Ausbildungshof und ein Gefühl von Verliebtheit hatte sich bei ihr auch nicht eingestellt. Sie verschwendete noch keinerlei Gedanken an Ehe und Familiengründung.

Zur Ausbildung gehörten auch immer wieder Schulphasen, für die Gesche mit dem Zug nach Bremen fahren musste. Sie besuchte dort die gleiche Hauswirtschaftsschule wie einige Jahre zuvor Helene. Auch in der reinen Mädchenklasse dort oder auf ihrem Ausbildungshof ergaben sich keine weiteren Kontakte zu männlichen Verehrern. Ihren Abschluss erhielt Gesche 1909, sie war nun 18. Die erste Anstellung fand sie in Schleswig-Holstein auf einem großen Gutshof nahe Flensburg. Es war ihr sehr recht einmal eine Zeitlang weiter weg von zu Hause zu kommen und sie wurde nicht wirklich gebraucht auf dem elterlichen Hof. Die großen Brüder entlasteten den Vater schon ausreichend.

Der Rossmann-Hof lag fast an der Grenze zu Dänemark. Er wurde von einem noch jungen Verwalter geführt, Horst Stellmacher. Der Eigentümer, Günther Rossmann, lebte in seiner Stadtwohnung an der Flensburger Förde und kam nur zu Berichts- und Abrechnungsbesuchen auf den Hof oder wenn er einmal eine Jagdgesellschaft mit Freunden über ein Wochenende eingeladen hatte. Dann allerdings gab es viel zu tun für Gesche und die anderen Frauen in der Küche. Günther Rossmann kannte allerdings Gesches Großvater, Heinz Behrens. Darüber war Gesche an diese Anstellung gekommen.

Horst Stellmacher, selber noch nicht sehr alt, hatte schnell festgestellt, dass die neue Hauswirtschafterin trotz ihrer Jugend kompetent und fleißig war. Sie nahm Einfluss auf den Speiseplan der Angestellten und allgemein wurde bemerkt, dass das Essen schmackhafter und abwechslungsreicher wurde. Aber sie organisierte die anfallenden Arbeiten auch so, dass Haus und Garten und sogar die Stallungen sauber und aufgeräumt waren. Bald arbeiteten Gesche und Horst Hand in Hand, sprachen Arbeitspläne ab und verstanden sich dabei ausgezeichnet.

Horst empfand immer mehr Zuneigung zu der jungen und immer hübscher werdenden Frau und zeigte ihr das auch deutlich. Aber Gesche ließ sich lange bitten, bevor sie zugab, dass auch sie den feschen und klugen Horst sehr mochte. Am Silvesterabend 1911, den Gesche nicht in Scheepermoor, sondern auf dem Rossmann-Hof verbrachte, verkündeten beide ihre Verlobung unter dem großen und schön geschmückten Tannenbaum, der noch auf der großen Diele des Haupthauses stand vor allen mitfeiernden Bediensteten. Diese hatten natürlich längst die Zuneigung der beiden erkannt und waren nicht sehr überrascht. Da Gesche auch zu jedermann freundlich und aufgeschlossen war und sich ihre Ideen positiv auswirkten und sie die jeweils Betroffenen davon überzeugte und sie nicht einfach durchsetzte, neidete ihr auch niemand die Stellung im Haushalt, die sie durch ihre Verlobung mit dem Verwalter erhielt.

Eine schnelle Hochzeit zeichnete sich allerdings nicht ab. Denn Gesches Eltern waren gar nicht entzückt, als ihre Tochter ihnen mit einem Brief zum Jahreswechsel die Neuigkeit schrieb. Walter hatte natürlich gehofft, dass seine Tochter einmal eine gute Partie für einen der Großbauern im Umfeld von Scheepermoor werden würde. Horst hatte keinen eigenen Besitz und würde wohl immer in anhängigen Verhältnissen leben müssen. Außerdem behagte den Eltern nicht, dass ihre Gesche so weit weg von zuhause leben wollte. Was wäre, wenn Großmutter starb und Mutter im Alter den Haushalt nicht mehr führen könnte?

Gesche hatte mit solchem Widerstand nicht gerechnet, wollte aber auch nicht trotzig gegen den Willen der Eltern ihre Heirat mit Horst durchsetzen. Die beiden schmiedeten also einen neuen Plan. Sie wollten einige Jahre von ihrem Verdienst so viel sparen, dass es ihnen möglich wäre einen eigenen kleinen Hof zu kaufen und zu bewirtschaften. Ob das dann in Schleswig-Holstein oder in der Nähe des Behrens-Hofes sein würde, blieb abzuwarten.

Erdmute I

Hans Miesner hatte einen Zimmereibetrieb in Scheepermoor. Die ergänzende kleine Landwirtschaft wurde hauptsächlich von seiner Frau Frieda bewirtschaftet, die sich außerdem um die Buchhaltung des Betriebes kümmerte. Erdmute, geboren 1888, war die älteste von vier Geschwistern, Helga, ihre jüngere Schwester war zwei Jahre jünger, die Brüder Ludwig und Georg wurden 1893 und 1895 geboren. Erdmute wurde früh als Hüterin ihrer Geschwister eingesetzt, um ihre Mutter zu entlasten. Da sie das mit allem Ernst tat, gaben ihr die Geschwister den Beinamen „die Resolute", Erdmute, die Resolute. Aber sie hatten dabei ein sehr herzliches Verhältnis zur älteren Schwester, die sich liebevoll um sie kümmerte, kochte, Wäsche bereit legte, Schulbrote machte, bei Hausaufgaben half und immer ansprechbar war für kleine und auch größere Nöte ihrer Geschwister.

Im Zimmereihaushalt blieb es nicht aus, dass Erdmute früh ein inniges Verhältnis zum Holz entwickelte. Der Geruch frisch gesägten Holzes war ihr der liebste. Und mit Holz konnte sie wunderbar basteln, schnitzen und experimentieren. Für die Zimmergesellen war es ganz natürlich, dass Erdmute ständig um sie herum war, wenn sie die Balken und Latten zuschnitten für ein Richtfest oder einen Hühnerstall. Hans hatte seinen Betrieb schnell modernisiert, als Sägen und Hobel mit Elektromotoren versehen wurden und die Holzarbeiten sich von der Handarbeit zur Industrialisierung entwickelten. Allerdings hatte er ein paar Gesellen, die sich auch gut auf einfache Tischlerarbeiten verstanden und auch er selbst fertigte immer wieder mal einen Tisch oder ein paar Fenster, wenn Nachbarn und gute Bekannte ihn darum baten, weil sie nicht zum nächsten Tischler gehen wollten, der einige Dörfer weiter seine Firma hatte.

Gerade wenn solche Arbeiten in der Zimmerei anlagen, war Erdmute kaum aus der Werkstatt herauszubekommen. Besonders mit Christoph Waltereit, einem der älteren Mitarbeiter ihres Vaters, hatte sie sich angefreundet, weil gerade er solche Aufträge übernahm, denn das Schleppen der schweren Balken auf die Hofdächer war nicht mehr seine Sache. Christoph erklärte Erdmute geduldig, wie die verschiedenen Werkzeuge benutzt wurden und wie man einen Fertigungsplan zeichnete und dann umsetzte. Mit der Zeit ließ er das Mädchen auch immer wieder und immer mehr mitarbeiten und freute sich über das große Geschick und die Fingerfertigkeit, die sie dabei entwickelte. Auch Hans Miesner beobachtete mit Vergnügen und Wohlgefallen die Entwicklung seiner Tochter zu einer rechten Holzarbeiterin. Seine Söhne, die allerdings noch einige Jahre jünger waren, neigten weniger dazu, in die Fußstapfen des Vaters zu treten.

Aber was sollte sich aus Erdmutes Begabung für die Zukunft entwickeln? Als sie den mittleren Schulabschluss gemacht hatte, mussten Entscheidungen getroffen werden. Eine Tischlerlehre war für Frauen nicht vorgesehen, das war ausschließlich ein Männerberuf. In einen Pflegeberuf oder die Hauswirtschaft wollte Erdmute nicht, obwohl sie natürlich einen Haushalt inzwischen völlig allein führen konnte.

Hans Miesner liebte seine Älteste und sah vor allem ihr großes Talent und ihr Potenzial im Umgang mit Holz. Sein Schwager, Elias Schönfeld, der jüngere Bruder seiner Frau, führte eine Tischlerei in Worpswede. Sie hatten bei gelegentlichen Besuchen schon über Erdmutes Begeisterung und Begabung im Umgang mit Holz gesprochen.

„Das Talent liegt wohl in der Familie", hatte Elias gesagt.

„Offensichtlich von beiden Seiten", bestätigte Hans seinen Schwager.

„Es ist schade, dass ich sie nicht als Gesellen ausbilden kann. Aber du weißt ja, wie das ist. Frauen als Tischler, wo kommen wir da hin?", seufzte Elias.

„Manche sind ihrer Zeit einfach voraus. Du wirst sehen, eines Tages ist das völlig normal", behauptete Hans.

„Aber noch ist es nicht soweit", schloss Elias.

Das Gespräch hatte erst vor wenigen Monaten stattgefunden. Aber Hans erinnerte sich daran, als Erdmute ihm ihr gutes Abschlusszeugnis zeigte. Und er entschloss sich, einen Versuch zu wagen. Er machte sich auf den etwas mühsamen Weg zum abgelegenen Worpswede und besuchte seinerseits den Schwager. Sie saßen lange zusammen und tranken manchen Schluck aus der hochprozentigen Buddel, die Hans mitgebracht hatte. Als er sich am nächsten Morgen verabschiedete, war die Vereinbarung mit Handschlag besiegelt. Erdmute würde bei Elias alles lernen, was ein Tischler braucht, dafür würde sie im Haushalt von Elias und seiner Frau Erika kräftig mithelfen. Natürlich könnte sie keinen Gesellenbrief erwerben. Was Erdmute dann mit ihrer Ausbildung anfangen würde, musste sie selbst entscheiden.

Als Hans nach Scheepermoor zurückkam und der Familie diese neuen Nachrichten mitteilte, gab es gemischte Reaktionen. Erdmute fiel ihrem Vater um den Hals und bedankte sich innig dafür, dass sie das tun durfte, was ihr größter Wunsch war. Die Mutter war ein wenig muksch, weil sie in diese Entscheidung nicht eingebunden worden war, Hans hatte gehandelt ohne sie zu fragen. Wenn Erdmute aus dem Haus ging, hing wieder mehr Arbeit an ihr. Die Geschwister reagierten etwas erschrocken, denn sie waren es gewohnt, sich auf Erdmute verlassen zu können. Immer war sie da, wenn sie sie brauchten. Auch wenn die ältere Schwester ein strenges Regiment führte und den Geschwistern auch ihre Aufgaben zuteilte, war sie doch immer die große Schwester, die sie liebte. Und nun würde sie nicht mehr für sie da sein.

Aber die Entscheidung war gefasst und Erdmute ging nach Worpswede. Elias hatte nicht ganz uneigennützig in die Vereinbarung mit seinem Schwager eingewilligt. Als Erdmute bei ihm anfing, konnte sie schon so viel wie ein Lehrling nach dem zweiten Lehrjahr. Und alles, was sie noch nicht konnte sog sie geradezu auf und beherrschte es schnell. So konnte sie auch bald mithelfen und war ganz besonders geschickt darin, Sonderwünsche der Kunden umzusetzen. Einige der Maler, die sich das kleine Moordorf als Stätte ihres Wirkens ausgewählt hatten, waren auch an anderen Kunstformen interessiert. Heinrich Vogeler entwarf für seinen Barkenhoff auch eigene Möbel und hatte sich einige Kenntnisse im Umgang mit Holz angeeignet. Aber er holte sich auch Hilfe bei den Tischlern vor Ort, hauptsächlich bei der Tischlerei Müller, aber auch bei Elias Schönfeld. Und so fand Erdmute, als sie in Elias' Tischlerei einstieg, auch Entwürfe der Stühle und Tische für den Barkenhoff vor mit ihren Tulpenmotiven und auch für den außerordentlichen Rosenschrank. Sie war sofort Feuer und Flamme dafür. Solche Möbel hatte man in Scheepermoor natürlich nicht gekannt und auch über Worpswede hinaus waren sie noch nicht verbreitet. Aber genau so wollte sie arbeiten, so wollte sie Möbel entwerfen und herstellen. Gemeinsam mit ihrem Onkel Elias suchte sie nach Möglichkeiten, ihre Vorstellungen zu verwirklichen.

1908 las Elias in einer Zeitung von der Neugründung einer Kunstgewerbeschule in Weimar. Großherzog Wilhelm Ernst von Sachsen Weimar hatte schon seit einigen Jahren mit dem Architekten Henry van de Velde die Gründung einer solchen Schule, die Kunst und Handwerk verbinden sollte, vorbereitet. Nun war die Institution offiziell eröffnet und zog in ein extra von van de Velde entworfenes Haus mit seiner ins Auge springenden Hufeisenform ein. Erdmute hatte schon fast drei Jahre in Worpswede gearbeitet und bewarb sich umgehend für die Schule in Weimar.

Der glückliche Umstand wollte es, dass eine entfernte Cousine der Familie Schönfeld in Weimar lebte, bei der sie unterkommen konnte. Als dann eine Zusage der Schule kam, war die Sache schnell beschlossen. Marianne Holzner, die Cousine, war bald froh über den Entschluss, Erdmute bei sich aufzunehmen, denn die war eine wahre Hilfe im Haushalt und eine begeisterte Schülerin. Außerdem stellte sie sich als sehr umgänglich und freundlich heraus. Hier, wo sie ihre Autorität nicht herausstellen musste, damit die Geschwister parierten und wo sie sich nicht gegen männliche Gesellen behaupten musste, wurde sie schnell entspannt und locker und die beiden Frauen, Marianne war nur knapp zehn Jahre älter als Erdmute und lebte allein, verstanden sich ausgezeichnet. Erdmute war jetzt zwanzig und erwachsen, sie musste nicht mehr bemuttert werden, fand in Marianne vielmehr eine gute Freundin.

Unter den Mitschülern fiel Erdmute schnell der gutaussehende Erich Bachmann auf. Er war der Sohn einer bekannten Möbeltischlerei in Leipzig und durchaus umschwärmt auch von anderen Studentinnen. Aber der herbe Charme von Erdmute und vor allem ihre pfiffigen Designentwürfe waren auch ihm nicht entgangen. Sie waren in der gleichen Klasse und sahen sich dadurch täglich.

Erich war ein Jahr jünger als Erdmute, aber er war nicht schüchtern und außerdem mit einem großzügigen Taschengeld ausgerüstet. Bald lud er Erdmute zum Essen ein und beide merkten, dass sie sich auch über ihr gemeinsames berufliches Interesse hinaus gut verstanden. Es folgten Konzertbesuche und Ausflüge und in den Sommerferien verbrachten beide ein paar gemeinsame Tage in Dresden, in getrennten Hotelzimmern. Aber sie standen sich doch inzwischen sehr nah. Erdmute fuhr danach für einige Wochen nach Scheepermoor, um dort zu berichten, wie es ihr erging. Schließlich zahlte Hans ihr Schulgeld für die Privatschule und auch Unterhalt für das Leben in Weimar. Aber sie freute sich auch, ihre nun erwachsen werdenden Geschwister wiederzutreffen. Und die Familie erfuhr mit einigem Staunen von ihrem neuen festen Freund.

Denn Erdmute und Erich waren ein festes Paar und nach einem guten Jahr nahm Erich seine Freundin schließlich auch mit nach Leipzig zu seinen Eltern. Seine Eltern nahmen die junge Dame aus „wo liegt denn Scheepermoor?“ sehr freundlich auf. Erichs Vater erkannte schnell, warum sein Sohn Erdmute mochte, denn sie war nicht nur stattlich und ansehnlich, sondern sehr kenntnisreich. Und das bot allerdings gute Voraussetzungen, wenn Erich dann in das Geschäft einstieg.

Die Ausbildung an der Kunstgewerbeschule dauerte knapp vier Jahre und beide waren so vernünftig, mit einer Heirat bis zum Abschluss zu warten. Die Abschlüsse waren wie zu erwarten ausgezeichnet. Erdmute hatte nach eigenen Zeichnungen einen Schrank in der Art des Vogelerschen Rosenschrankes gebaut, allerdings formal eine neue Stilrichtung angewendet, für die sie Vorbilder in Frankreich und Schottland gefunden hatte.

Im Frühjahr 1913 heirateten Erdmute und Erich in Leipzig. Dort sollte nun auch Erdmutes Lebensmittelpunkt sein. Scheepermoor war für immer Vergangenheit. Erdmutes ganze Familie war mit dem Zug nach Leipzig gereist und staunte nicht schlecht über die üppig ausgerichtete bürgerliche Hochzeitsfeier. Hans verstand sich schnell gut mit Erichs Vater, sah aber eben auch, dass seine Tochter da eine gute Partie gemacht hatte. Die Geschwister genossen die Feier und den Tanz und die große Stadt Leipzig und fuhren fröhlich wieder zurück in ihr Moordorf, wo sie inzwischen die große Schwester, der sie ihr Glück gönnten, kaum noch vermissten.

In Leipzig brachte das junge Paar sehr erfolgreich neuen Schwung in die Produktion. Erich stieg als Juniorchef voll in das Geschäft ein und Erdmute konnte sich ganz darauf stürzen, ihre vielen Entwürfe und Ideen in reale Möbel umsetzen zu lassen. Die Stilmöbel von Bachmann wurden schnell in ganz Deutschland und darüber hinaus begehrt.

Erst ein Jahr später, im Frühsommer 1914 wurde Erdmute schwanger. Die Freude darüber wurde durch den Beginn des Krieges getrübt. Erich wurde im November als Soldat eingezogen. Schon sehr früh geriet er in französische Kriegsgefangenschaft und erlebte die Geburt seiner Tochter Berta nicht mehr.

Dörte I

Der Schölermannsche Hof war seit sechs Generationen im Familienbesitz und einer der größten Höfe in Scheepermoor. Günter Schölermann war Landwirt durch und durch. Auch seine Frau Dorothea hatte sich zu einer gestandenen Bäuerin entwickelt nach verständlichen Anfangsschwierigkeiten. Dorotheas Großvater war Juwelier und Goldschmied in Hamburg und Ende der 90er Jahre des 18. Jahrhunderts von seinem jüdischen Glauben zum Protestantismus konvertiert, weil er sich dadurch eine bessere Akzeptanz in der Gesellschaft und natürlich auch bessere Geschäfte versprach, wie es viele Juden in dieser Zeit taten. Dorotheas Vater führte das Geschäft seines Vater weiter und war recht entsetzt, als ihm seine Tochter davon berichtete, dass sie während ihres Urlaubs auf dem Lande den Sohn eines Bauern kennen und lieben gelernt hatte, beim Tanz auf dem Erntedankfest. Aber obwohl Dorothea erst 18 war und ihr Vater durchaus berechtigt ihr diese Verbindung zu untersagen, schaffte sie es mit einer Mischung aus Durchsetzungskraft und liebevollem Umgarnen, ihn davon zu überzeugen, dass dieser Günter der einzige Mann in Ihrem Leben sein würde, zu dem sie gehören wollte. Eine Rolle mag auch gespielt haben, dass der Besuch, den Günter Schölermann in der Rosenthal-Villa in Hamburg abstatten musste, sehr positiv ausfiel. Der junge, selbstsichere Mann gefiel auch Dorotheas Eltern. Und ein Vieraugengespräch zwischen Wilhelm Rosenthal und Günter, in dem er den zukünftigen Schwiegervater über seine nicht unerheblichen Einkünfte und die Größe seines Besitzes informierte, mag auch dazu beigetragen haben, dass der der Ehe zustimmte.

Es wurde also geheiratet, sehr vornehm in der Hansestadt, und Dorothea lernte schnell mit Tieren und Aussaat und Ernte umzugehen und schaffte es nebenbei noch vier Kinder zu gebären. Dörte war 1887 die Älteste, es folgten die Brüder Winfried 1889 und Siegfried 1893 und schließlich noch die jüngste Tochter Beate 1896.

Dörte besuchte die Volksschule und arbeitete anschließend auf dem elterlichen Hof. Sie war vertraut mit allen Bereichen der Landwirtschaft und konnte tüchtig zupacken. Aber Dörte war auch klug, las viel und interessierte sich für das aktuelle politische Geschehen. Auf der Hanssohn-Hochzeit war sie mit 19 Jahren eine der begehrtesten Partien, um die sich die jungen Männer des Dorfes bemühten. Dörte selbst war nicht unbedingt auf der Suche nach einem Hoferben, Landwirtschaft beherrschte sie selber. Sie wollte eher einen Mann, der ihre intellektuellen Interessen befriedigen konnte. Da war zum Beispiel dieser neue junge Lehrer in der Dorfschule, Detlef Ondukat. Seine Familie stammte ursprünglich aus Ostpreußen. Sie hatte von ihren jüngeren Geschwistern Gutes über ihn gehört. Er war nicht unnötig streng, sondern überzeugte durch seine Kenntnisse und die Art, in der er sie den Kindern beibrachte. Auf einem Sommerball der Feuerwehr wenige Wochen nach der großen Hochzeit konnte sie sich dann selbst davon überzeugen, dass Detlef ausgesprochen sympathisch und freundlich war und sie ließ ihn auch spüren, dass er ihr gefiel. Er hatte sie zum Tanzen aufgefordert, als wüsste er, dass sie schon einmal über ihn nachgedacht hatte. Es knisterte sofort zwischen ihnen und der Tanzabend verging wie im Traum.

Also sah man in der nächsten Zeit Dörte und Detlef öfter zusammen. Er kam auf den Hof, um den beiden jüngeren Geschwistern Nachhilfeunterricht zu geben. Danach ging er aber meistens noch ein Stündchen mit Dörte durch die ausgedehnten Felder und Wiesen des Hofes spazieren, diskutierend, lachend, händchenhaltend. Auf Dorfbällen waren die beiden nun fast ununterbrochen auf der Tanzfläche zu finden. Jeder konnte sehen, wie sie harmonierten. Dennoch dauerte es noch fast zwei Jahre, bis sie heirateten.

Eigentlich war die Hochzeit längst beschlossen und es wurden erste Vorbereitungen getroffen, als im August 1907 Beate, Dörtes jüngere Schwester, zu husten begann und sich herausstellte, dass sie an Tuberkulose erkrankt war. Dörte pflegte sie mit aller Hingabe, aber sie wurde immer schwächer und starb dann im November. Dörte brauchte anschließend einige Zeit, um diesen Verlust zu überwinden. Aber gerade die Zuwendung, die sie durch Detlef in diesen Monaten erfuhr, machte sie noch einmal sicher, sich für den richtigen Mann entschieden zu haben. Und so fand im Mai 1908 die Hochzeit statt, natürlich wieder im Scheepermoorer Hof und mit der ganzen Dorfgemeinschaft. Sechs von den Brautjungfern der Hanssohn-Hochzeit waren ebenfalls dabei, allerdings hatte Dörte einige andere Freundinnen gebeten, als Brautjungfern zu fungieren. Dennoch saßen die jungen Frauen, bis auf Dörte, zusammen an einem großen Tisch auf dem Festsaal und tauschten sich darüber aus, was in den letzten zwei Jahren geschehen war.

Felicitas war aus Hamburg nicht gekommen und Erdmute war gerade nach Weimar gezogen, um dort an der Kunstgewerbeschule anzufangen. Auch Gesche ging inzwischen in Bremen zur Schule, kam am Wochenende aber natürlich zu Dörtes Feier. Marta kam nur zur Trauung in die Kirche, feierte aber nicht mit, weil auch ihre Mutter kurz zuvor gestorben war. Agnes lebte zwar inzwischen in Hamburg, kam aber sehr gerne zur Feier und musste natürlich auch wieder singen, wobei die Gesellschaft feststellen konnte, dass sie sich noch sehr verbessert hatte und am Anfang einer Karriere stand. Helene war inzwischen Leiterin des Kindergartens und alle erwarteten, dass sie die nächste sein würde, die an den Traualtar treten würde. Denn ihre Verbindung mit Pastor Hubertus Finke war inzwischen durch eine Verlobung offiziell. Und auch Viola saß mit am Tisch, still wie immer, aber auch fröhlich und zufrieden. Ein gemeinsames Foto zu machen versäumten sie allerdings.

Auch diese etwas ungewöhnliche Ehe zwischen der Bäuerin Dörte und dem Lehrer Detlef, gegen die aber gerade Vater Günter nichts einwenden konnte, war sehr glücklich und kinderreich. 1909 wurde der Älteste, Otto, geboren, 1911 die älteste Tochter, Katharina. Im dritten Kriegsjahr, 1916, kam Wolf zur Welt, gezeugt auf einem Heimaturlaub Detlefs, der auf einer Fregatte als Marinesoldat diente. Nach dem Krieg folgte 1920 noch Sabine.

Viola II

Am Morgen nach dem wunderschönen Ausflug mit Jochen quoll die Zeitung über von Artikeln zum Attentat in Sarajewo. Der österreichische Kronprinz und seine Frau, beide erschossen von einem nationalistischen Serben. Viola wurde schlagartig bewusst, welche Gefahr davon ausging, welcher Funke da über dem Pulverfass der Kriegstreiber entzündet worden war. Und die Entwicklung der folgenden Wochen gab ihr Recht. Machtgeplänkel, hilflose Herrscher, Militärs, die kopflos ihr Waffenarsenal und ihre Planspiele ausprobieren wollten, Ultimaten, die nicht eingehalten werden konnten. Es dauerte nur einen Monat, dann wurde der Krieg begonnen, dessen Ausmaße sich niemand wirklich vorstellen konnte, dann griffen die politischen Bündnisverträge und zogen fast die ganze Welt in das Geschehen hinein.

Am meisten erstaunte und ärgerte Viola die Stimmung in den Gesprächsrunden, die Veränderung der Männer, für die nationale Gefühle plötzlich wichtiger wurden als Vernunft und christliche Werte. Als hätten sie sich Masken von den Gesichtern gerissen, geiferten sie mit Kriegsfratzen gegen die Kriegsgegner, obwohl sie doch nicht einen Menschen persönlich kannten. Und Violas einsame Stimme, die zu Zurückhaltung und Friedensbemühungen mahnte, ging nun im lautstarken Geschrei der männlichen Möchtegern-Krieger unter.

Als der Krieg begann, als viele junge Männer aus dem Ort, auch aus den Kreisen aktiver Kirchenmitglieder, sich freiwillig zu den Waffen meldeten, verstummte Viola bald. Dann fehlte sie ganz in den Gesprächsrunden, die ihr doch so viel bedeutet hatten. Sie arbeitete weiter als Schuhverkäuferin, aber viele Bekannte und Kunden bemerkten durchaus, dass sie noch stiller als sonst geworden war, dass sie kaum noch lächelte.

Jochen vermisste Viola. Ein paar Mal lud er sie ein zu einem Ausflug oder zu einem Frühschoppen nach dem Gottesdienst, den Viola nach wie vor regelmäßig besuchte. Aber nur selten kam sie mit. Als die Tage Ende September schon kühler wurden, saßen die beiden nach der Kirche im Dorfkrug und tranken einen heißen Kakao.

„Du bist dünn geworden“, bemerkte Jochen. „Am Krieg kann das nicht liegen, es gibt ja noch alles.“

„Der Mensch lebt nicht von Brot allein“, zitierte Viola. „Ich habe einfach keinen Hunger, wenn ich lese, dass sich der Krieg schon festgefressen hat und wenn ich höre von bekannten Familien, dass ihre so begeisterten Söhne nicht mehr zurückkommen werden. Die Welt ist aus den Fugen und das macht mich krank.“

Eine kleine Pause entstand, bevor Jochen etwas zögerlich damit heraus kam: „Ich habe überlegt, ob ich mich auch melden soll. Das sieht sicher besser aus, als wenn sie mich später sowieso einziehen.“ Jochens Stimme war leise, hallte aber wie Donner in Violas Ohren.

Mit leicht geweiteten Augen fragte Viola in einem resignierenden Ton: „Du willst mitmachen bei dem Wahnsinn? Auch du, hast du denn nichts verstanden?“

„Bis Weihnachten soll der Spuk ja vorbei sein. Und ich muss mal raus aus der Enge hier“, antwortete Jochen etwas trotzig und fügte fast flehend hinzu: „Wir haben uns so selten gesehen in letzter Zeit. Liebst du mich noch? Und würdest du auf mich warten?“

„Wenn es nicht anders geht, warte ich bis Weihnachten“, flüsterte Viola.

Jochen meldete sich freiwillig und ging in die Grundausbildung. Im November wurde er dann an die Front in Belgien geschickt, wo der Versuch nach Frankreich durchzubrechen nach wie vor erfolglos geblieben war.

Viola wurde noch stiller und immer weniger. Der letzte Freund war gegangen und nur über einige Briefe noch spürbar, die Jochen regelmäßig schrieb. Der schreckliche Krieg war alles andere als erfolgreich und fraß seine Kinder. Anfang Dezember war Viola in einen eisigen Regenschauer geraten und hatte sich erkältet. Bald war sie nicht mehr in der Lage, im Geschäft zu stehen und wurde von ihrer schon länger besorgten Mutter mit Wärmeflasche und Hustensaft ins Bett gesteckt. Die Erkältung entwickelte sich zu einer Lungenentzündung, die normalerweise von einem jungen, kräftigen Menschen bewältigt werden konnte. Aber Viola war körperlich geschwächt und psychisch in einer traurigen Verfassung, in der ihr der Lebensmut abging. Der alte Dr. Goldschmied, der Viola seit ihrer Geburt kannte, schüttelte immer besorgter seinen Kopf, wenn er sich von Elfriede nach einem Hausbesuch bei Viola verabschiedete.

An Heiligabend war abzusehen, dass Viola den Weihnachtsmorgen nicht mehr erleben würde. Verschwitzt und von Fieberträumen geplagt lag sie stumm in ihren dicken Federkissen. Vater und Mutter waren bei ihr und mussten zusehen, wie ihr einziges Kind dahinschwand, zu schwach, um den Kriegsirrsinn zu ertragen und der Lungenentzündung Widerstand entgegensetzen zu können.

Noch einmal flüsterte sie: “Sagt Jochen, ich konnte nicht länger als bis Weihnachten warten.“ Dann sog sie ein letztes Mal röchelnd Luft in ihre geschwollene Lunge und sank leblos ins Kissen, während draußen die Glocken des Kirchturms zum Gottesdienst riefen.

Als Viola einen Tag nach Neujahr auf dem Friedhof bestattet wurde, erreichte Jochens letzter Brief die Familie Brunckhorst. Er lag in Flandern in der Nähe der Stadt Ypern im Schützengraben, keine hundert Meter vom Schützengraben der britischen Soldaten entfernt. Am 24. Dezember war es ruhig gewesen, kein Angriff war geplant. Es war dunkel geworden und Jochen döste auf Wache vor sich hin, als ihm ein Licht auffiel, etwas weiter den Graben hinunter. Jemand hatte eine Kerze angezündet und auf den Rand des Grabens Richtung Feind gestellt. Jochen zögerte noch, ob er dies melden musste, als ein zweites und bald ein drittes Licht auftauchte. Dann entschloss er sich, bei dieser Weihnachtsbeleuchtung mitzumachen und abzuwarten, was sich daraus ergeben würde. Was dann geschah, berichtete er Viola in seinem letzten Brief.

„Du wirst es nicht glauben, Viola, aber die Kerzen bewirkten, dass hin und her gerufen wurde zwischen den Gräben. „Merry Christmas, english soldier!“ und „Frohe Weihnacht, Fritz!“ Und dann begannen sie zu singen: „Stille Nacht, heilige Nacht“ und „O du fröhliche“ und sogar „Rule Britannia“. Schließlich wagte es der erste, aus dem Graben zu kriechen. Und kein Scharfschütze nutzte diese Situation aus. Wir kamen aus den Gräben und schlurften durch das Niemandsland und schüttelten uns letztlich die Hände mit guten Weihnachts- und Friedenswünschen. Viola, es besteht vielleicht doch noch Hoffnung auf Frieden. Wenn man sich erst einmal in die Augen gesehen und die Hand gegeben hat, wie kann es da noch sinnvoll sein, aufeinander zu schießen? Ich schreibe Dir dies noch in der Nacht bei Weihnachtskerzenschein und wünsche Dir Gottes Segen und die besten Weihnachtswünsche. Dein Jochen. P. s. Kannst du noch etwas warten?“

Die Heeresleitungen hatten dieses Weihnachtswunder nicht verhindern können, aber es sollte einmalig bleiben. Schon am nächsten Tag flogen wieder Kugeln und Granaten hin und her. Jochen wurde nur wenige Wochen später von einem Scharfschützen erwischt. Kopfschuss. Es ging schnell. Er hatte von Violas Tod nicht mehr erfahren.

Felicitas II

Und dann begann im August der 1. Weltkrieg. Johannes wurde erst im Frühjahr 1915 eingezogen und an die Westfront verlegt. Da war inzwischen allen klar geworden, dass dieser Krieg kein Spaziergang werden würde. Die Front hatte sich festgekämpft, die Schützengräben lagen sich gegenüber und gelegentliche Offensiven forderten viel mehr Opfer, als es der jeweilige Landgewinn wert gewesen wäre.

Einmal im Monat erreichten Felicitas Briefe von Johannes, in denen er Zuversicht auszudrücken versuchte, aus denen man zwischen den Zeilen aber durchaus Sinnlosigkeit und Aussichtslosigkeit der Kampfhandlungen und auch durchaus Todesangst spüren konnte.

Felicitas hatte sich nie mit Politik auseinandergesetzt. Ihr mondänes Leben in einer wohlhabenden Umgebung, ihr beruflicher und privater Erfolg waren für sie selbstverständlich und sie erwartete, dass es so weitergehen würde. Auch Gedanken über das Älterwerden, über eine Entwicklung im Zusammenleben mit Johannes und überhaupt die Zukunft hatte sie sich nicht gemacht. Und nun war da dieser dumme Krieg. Alle Welt war aufgeregt, jedermann redete kaum über etwas anderes. Das kulturelle Leben war noch vorhanden, aber durchaus eingeschränkt. Tanzen gehen mit den Freundinnen war nicht mehr so einfach, einerseits, weil es weniger Gelegenheiten gab, andererseits, weil sie nun Ehefrau und junge Mutter war, für die sich solcherlei Vergnügungen nicht schickten, zumal der Gatte im Felde lag. Felicitas' Ehebett war leer und kalt und sie sehnte sich nach körperlicher Berührung, nach einem Mann, der sie befriedigen konnte. Ach, dieser Krieg war einfach schrecklich.

Ein Jahr später, im Oktober, blieb Johannes' Brief aus und Felicitas und Johannes' Eltern befürchteten Schlimmes. Inzwischen ließen sich die verheerenden Verluste an der Kriegsfront nicht mehr verleugnen. Auch in befreundeten und bekannten Familien waren Söhne und Ehemänner gefallen, sowohl in Hamburg als auch auf dem Land, wie Felicitas aus Briefen ihrer Eltern erfuhr.

Dann, als Felicitas an einem kühlen Dezembermorgen 1917 die Tür der Apotheke aufschloss, stand vor dem Eingang ein Soldat in Uniform, den sie fast nicht erkannte. Er stand auf Krücken gelehnt, denn das rechte Bein fehlte. Das Hosenbein der Uniform war mit Sicherheitsnadeln am Hosenbund festgesteckt. Auch im Gesicht gab es ein paar kleinere Narben und der Mann war abgemagert und wirkte verloren, aber es war eindeutig Johannes.

Felicitas war wie versteinert, konnte sich nicht bewegen. Erst als ihre Schwiegermutter an ihr vorbeieilte und ihren Sohn in die Arme nahm, gelang es auch ihr, sich zu lösen und ihn zu begrüßen.

Johannes wurde ins Haus geholt, der Frühstückstisch war noch nicht abgeräumt und so gab es erst einmal ein ausgiebiges Frühstück mit Kaffee und Brötchen und Schlüters belegten ihren Sohn mit Streicheleinheiten und Fragen gleichermaßen, wohingegen Felicitas und auch Johannes recht still blieben.

Beim Vormarsch aus dem Schützengraben war eine Granate in seiner Nähe explodiert und hatte hauptsächlich das Knie seines rechten Beines zerfetzt. Im Feldlazarett hatten die Ärzte sein Leben, nicht aber sein Bein retten können. Die Oberschenkelamputation war unvermeidbar gewesen. Das bedeutete für ihn, dass er aus der Armee entlassen war und nicht weiter auf den Tag warten musste, bis ihn der Tod ereilte wie bei so vielen seiner Kameraden. Aber er würde auch sein Leben lang behindert und belastet sein. Seinen Beruf konnte er allerdings mit dieser Behinderung ausüben. Seine Eltern waren darum eher froh, ihn lebend zurück zu haben und versuchten ihn zu trösten und zu beruhigen.

Für Felicitas sah das aber doch ganz anders aus. Sie war Johannes ehrlich zugetan. Aber ein Leben an der Seite eines Krüppels schien ihr unendlich schwer und lang zu werden. Und genau das kam nun auf sie zu. Mit einem Mal stellten sich die Fragen über die Zukunft, allerdings ganz anders als sie es sich gedacht hatte. Sie war noch keine 30. Und neben ihr im Bett lag nun ein Mann, den sie, ohne es bewusst zu wollen, auf diesen Beinstumpf reduzierte. Sie ekelte sich davor, das Bein zu berühren, schließlich sogar Johannes überhaupt zu berühren. Die Granate hatte das Bein zerschmettert, aber kleinere Splitter hatten auch Narben über den ganzen Körper hinterlassen. Einige hatten auch Hoden und Penis getroffen, so dass Johannes Zeugungsfähigkeit wohl dahin war und der Liebesakt zwar noch möglich, aber doch sehr eingeschränkt war. Zu Felicitas' Ekel kam Johannes' Scham. Er fühlte sich nicht mehr als ganzer Mann. Und die Experimentierfreudigkeit, die beide vor dem Krieg zumindest körperlich sehr nahe gebracht hatte und die nun ganz anders notwendig gewesen wäre, um weiter sexuell zusammenzukommen, war schon immer von Felicitas ausgegangen. Das wurde Johannes jetzt klar, als er ihr Zögern, ihr Zurückweichen vor ihm registrierte. Das Eheleben der jungen Schlüters kam schnell völlig zum Erliegen.

Nach außen schien alles in Ordnung zu sein. Johannes nahm seine Arbeit in der väterlichen Apotheke wieder auf. Eine Prothese ersetzte das fehlende Bein, so dass zumindest das zweite Hosenbein ausgefüllt erschien und Johannes' Behinderung lediglich an seinem Gehstock und seinem etwas steifen und schiefen Gang zu erkennen war, weshalb er Medikamente von einer Angestellten oder Felicitas herbeiholen ließ, während er die Kunden im Gespräch betreute. Die fehlende körperliche Anziehung wirkte sich auf die Ehe allerdings zerstörerisch aus. Die Gefühle, wenn sie denn von Felicitas' Seite je wirklich da waren, erkalteten, die Kommunikation reduzierte sich auf ein Minimum. Weder Johannes noch Felicitas waren in der Lage, ihre Probleme im Gespräch zu äußern oder gar zu bewältigen. Eine psychotherapeutische Behandlung fasste niemand ins Auge. Dazu wäre auch ein beiderseitiges Bedürfnis zur Erhaltung vorhandener Gefühle notwendig gewesen. Eine Scheidung kam aber auch nicht infrage. Nach außen schien ja alles in Ordnung zu sein. Der Mann hatte den Krieg überlebt, das Geschäft ging gut, warum sollte sich Felicitas durch eine Scheidung aus ihrer Stellung in der Hamburger Gesellschaft entfernen? Und auch Johannes schätzte seine Chancen noch einmal eine solche Frau zu finden als impotenter Krüppel zu Recht gering ein. Also arrangierte man sich.

Das einzige verbindende Glied zwischen ihnen war ihre entzückende kleine Tochter Freya. Sie nahm den Vater wie er war.

Die Prothese und das fehlende Bein waren für sie völlig normal, sie kannte es ja gar nicht anders. Sie hatte keinerlei Berührungsängste. Johannes liebte seine Tochter, verwöhnte sie und gab ihr alles, was sie haben wollte. Sie verbrachte viel Zeit in der Apotheke und es zeichnete sich früh ab, dass in ihr wohl die Nachfolgerin im Familienbetrieb heranwuchs. Aber auch für Felicitas war Freya eine Freude und das Ziel ihrer positiven Emotionen. Mutter und Tochter verstanden sich erstaunlich gut. Und Felicitas war durchaus froh, dass ihre Tochter dem Vater Gefühle entgegenbringen konnte, zu denen sie nicht mehr fähig war. Freya war ausgesprochen niedlich, geschickt und klug. Wenn sie im blauen Sommerkleidchen durch die Apotheke hüpfte und ihre blonden Locken auf und ab wippten, waren die Kunden und Kundinnen entzückt und dem Vater traten manchmal sogar Tränen in die Augen, wenn er daran dachte, wieviel Glück er trotz allem noch hatte.

Der Krieg endete, das gesellschaftliche Leben erholte sich nach und nach. An der Heimatfront war nichts zerstört. Die Menschen hatten unter Versorgungsmangel gelitten und das blieb auch in den ersten Nachkriegsjahren noch weit verbreitet so, aber wer zur guten Gesellschaft der Hansestadt gehörte, kam schnell wieder auf die Füße. Die Apotheken hatten reichlich zu tun, viele Verletzte mussten versorgt werden, das Geschäft war profitabel. Auch die Unterhaltungsbranche kam wieder in Gang. Zwar war der Krieg verloren und die wirtschaftlichen Folgen noch nicht absehbar, aber man hatte den Krieg überlebt. Das musste gefeiert werden.

Felicitas nutzte ihre Liebe zum Tanzen als Begründung dafür, dass sie immer häufiger mit Freundinnen ausging, in Tanzcafés, zu Bällen, zu Benefizveranstaltungen. Im „Trocadero", im „Trichter" oder auch im „Allotria" war sie ein gerngesehener Gast. Aber besonders liebte sie die Künstlerfeste im Künstlercafé „Tante Clara". Schon im Herbst 1919 fand das erste statt unter dem Motto „Die Dämmerung der Zeitlosen". 1921 gab es im Curio-Haus einen Mottoball zum Thema „Götzenpauke", der sich der Kultur der Südsee annahm. Hier begegnete Felicitas zum ersten Mal dem Ausdruckstanz in Person von Ursula und Gertrud Falke mit ihrem „Götzenbumbum" und war fasziniert. Selbst ins

„Chinesenviertel" zwischen St. Pauli und Altona ging sie bisweilen, ins Tanzcafé „Cheong Shing", obwohl die Gegend durchaus halbseiden und verrucht war. Felicitas war Anfang dreißig, eine Frau in ihrer vollen Blüte, schlank und gutaussehend, modisch gekleidet und begabt und fantasiereich im Tanz. Sie hatte während des Krieges vergeblich züchtig auf ihren Ehemann gewartet und auf sexuelle Abenteuer verzichtet. Jetzt aber, da sich abzeichnete, dass ihr für ihre körperlichen Bedürfnisse ihr Mann nicht mehr zur Verfügung stand, nahm sie ihr voreheliches Leben als Femme fatale wieder auf.

Johannes blieb in aller Regel bei seiner Tochter. Tanzen war mit seinem Bein nicht möglich und ihm war auch nicht nach gesellschaftlichen Kontakten. Die Erinnerungen an die Front blieben ihm sehr bewusst und verfolgten ihn immer wieder noch in die Träume. Und seine Frau gab ihm durchaus zu verstehen, dass sie ihn nicht dabei haben wollte, wenn sie ausging.

Felicitas war sehr attraktiv und wusste um ihre Wirkung. Es gab wieder bezaubernde Garderobe und sie konnte sie sich als wohlhabende Apothekerfrau leisten. Und sie hatte nichts verlernt, was die Kontaktaufnahme mit Männern betraf. Und Männer haben sich noch nie davon abhalten lassen auf eine Frau zuzugehen, wenn sie ihre Augenlider kurz nach der Begegnung der Blicke verführerisch senkte. Liebhaber wechselten ständig. Sie war dabei äußerst diskret und vor allem den Männern gegenüber eindeutig, damit sie nicht auf den Gedanken kamen, sie wolle aus ihrer Ehe, ihrem gesellschaftlichen Stand heraus. Es ging um Vergnügen, um sexuelle Erregung und nichts sonst. Die Zeit nach dem 1. Weltkrieg entwickelte sich ohnehin in eine Richtung, die Felicitas und ihrem Anspruch an das Leben entsprach. Die Freizügigkeit in Kunst und Kultur war ansteckend und mitreißend und Felicitas' Lebenswandel war nicht besonders auffällig in dieser Zeit rauschender Ballnächte. Gerade auch der Tanz, der Ausdruckstanz mit seiner körperlichen Expressivität und erotischen Ausstrahlung begeisterte sie und ließ sie mitreisen in diese Roaring Twenties.

Johannes war nicht blind. Inzwischen schliefen sie in getrennten Schlafzimmern, ein Eheleben im Bett fand nicht mehr statt. Felicitas kam immer wieder sehr spät zurück von Veranstaltungen, die keineswegs so lange dauerten. Und Johannes hörte sie in ihrem Schlafzimmer verschwinden im Morgengrauen und sagte nichts, wenn sie erst gegen Mittag im Geschäft erschien. Es nagte an ihm, aber er hatte nichts entgegenzusetzen und er wollte keinesfalls auf seine Tochter verzichten, was bei einer Scheidung durchaus hätte passieren können, denn Freya vernachlässigte Felicitas keineswegs. So arrangierte er sich mit der Situation und freute sich über die Entwicklung seiner Tochter und über die Zeit, die er mit ihr verbringen konnte. Seine Eltern spürten natürlich die Kälte in der Beziehung, mischten sich aber nicht ein. Und auch die Schwiegereltern in Scheepermoor waren ahnungslos, denn sie sahen ihre Tochter nur selten, wenn sie sich verpflichtet fühlte die Enkelin den Großeltern von Zeit zu Zeit zu bringen. Sie hätten gerne ein zweites Enkelkind gehabt, aber nachdem Franz, der inzwischen Förster in Scheepermoor war, heiratete und nach und nach drei Söhne zeugte, wurde dieser Wunsch anderweitig befriedigt.

Einmal, im Herbst 1924, drohte das Arrangement der Schlüters zu zerbrechen. Felicitas hatte sich auf einen feurigen, etwas jüngeren Liebhaber, Luis Almeda, eingelassen. Sie hatte sich schon entschieden, diese Liaison möglichst bald wieder zu beenden, bevor der junge Mann sich noch verliebte, als eines der Präservative den heftigen Aktionen des jungen Spaniers, die Felicitas ansonsten durchaus genoss, nicht standhielt und riss. Einige Wochen später stand fest, was Felicitas befürchtet hatte – sie war schwanger. Für einen Moment ging ihr der Gedanke durch den Kopf, wie schön ein weiteres Kind für sie sein könnte, und sie war über ihre Gefühle selbst überrascht. Aber sehr schnell setzte sich ihr Realismus durch. Es war klar, dass dieses Kind nicht aus ihrer Ehe hervorgegangen war. Selbst, wenn sich ihr Ehemann selbst zu einem solchen Arrangement hätte überreden lassen, ließen der dunkle Teint und die dunkelbraunen Augen des Spaniers doch befürchten, dass selbst Nichteingeweihte erkennen mussten, dass Johannes niemals der Vater des Kindes sein konnte. Also suchte Felicitas nach Möglichkeiten, diesen Unfall zu beseitigen.

Natürlich hatte sie inzwischen ausgedehnte gesellschaftliche Verbindungen in der Hamburger Society. Bald hatte sie den Vater einer Freundin ausfindig gemacht, der als Gynäkologe Frauen in ihrer Situation half. Sie fuhr für ein Wochenende zu eben dieser Freundin und begab sich dort in die Klinik ihres Vaters. Der Eingriff war nicht angenehm, allerdings auch nicht groß, weil sie sich ja noch am Anfang der Schwangerschaft befand. Aber der etwas herbe Umgangston des Arztes, die scharfen Blicke der Assistentin, das Offenbaren ihrer Blöße im hellen Licht der Arztlampe und schließlich das Rüberschieben der nicht unerheblichen Summe, die dieses Unternehmen kostete waren ihr peinlich und sie schwor sich, dass dies das einzige Mal bleiben sollte, dass sie sich in eine solche Situation begeben musste.

Etwas blass kam sie am Montag zurück zu ihrer Familie, aber dort bemerkte niemand den Grund dafür. Sie gab an, sich erkältet zu haben und verschwand einen weiteren Tag in ihr Schlafzimmer. In Felicitas blieb allerdings ein Gefühl der Leere zurück, das sie nicht mehr füllen konnte. Der junge Mann erfuhr zügig eine Abfuhr und niemals von seiner Chance Vater zu werden. Felicitas wurde ab diesem Zeitpunkt noch vorsichtiger in ihrer Männerwahl und die Abstände ihrer Liebschaften vergrößerten sich nach und nach. Sie wurde auch nicht jünger, obwohl sie immer noch eine hervorragende Figur machte. Auch ihre Liebhaber waren nun gesetzter und selber nicht an einer festen Bindung interessiert, vielmehr eher stolz auf ihre Eroberung und gentlemanmäßig schweigsam.

Marta II

Nachdem 1914 der 1. Weltkrieg begonnen hatte, wurden im Laufe der Jahre Ferdi Ehlbeck zwei Gesellen abgezogen und mussten Soldaten werden. Im Frühjahr 1916 beantragte er deshalb Kriegsgefangene als Ausgleich und erhielt auch zwei junge Männer als Zwangsarbeiter zugewiesen. Pierre Moulin war auch in seiner Heimatstadt Bordeaux Maurer gewesen, er war mit 28 der jüngere der beiden. Maurice Legrand war Bauingenieur und schon 33, also drei Jahre älter als Marta. Maurice stammte aus dem Elsass, aus der Nähe von Colmar. Er sprach deshalb ganz passabel deutsch, weil er mit seiner Großmutter viel deutsch gesprochen hatte. Durch die Fachkenntnisse und die geringe Sprachbarriere kamen die beiden Gefangenen gut zu Recht mit der Arbeit. Auch Pierre radebrechte schnell einige deutsche Wörter und konnte sich mit Maurices und auch Elisabeths Hilfe schnell ausreichend verständigen.

Elisabeth fand Gefallen an den jungen Burschen, die durchaus fröhlich waren, weil sie wussten, dass sie mit einer Arbeit, die sie kannten, und dem Leben auf dem Lande als Kriegsgefangene ein gutes Los gezogen hatten und dem massenhaften täglichen Tod auf dem Schlachtfeld entkommen waren. Und da Maurice ihr gegenüber immer etwas reserviert blieb, wandte sie sich dem Jüngeren zu, achtete aber darauf, dass Ferdinand nicht misstrauisch oder eifersüchtig werden konnte.

Marta war eher skeptisch, ob hier nur Sympathie oder eher mehr Zuneigung im Spiel war. Als Ferdinand im Sommer 1917 für ein langes Wochenende zu einem Treffen mit Jagdfreunden nach Rügen fuhr, bei dem die älteren Herren wohlweislich traditionell ihre Frauen nicht mitnahmen, wachte Marta weit nach Mitternacht auf, weil sie ein Geräusch im Haus zu hören geglaubt hatte. Sie ging leise im Nachthemd und barfuß durch die Flure und kam auch an der Kammer vorbei, in der Pierre untergebracht war. Es waren die unterdrückten Seufzer und Schreie, die aus der Schlafkammer drangen, die Marta gehört hatte. Und das gelegentliche Gelächter und Geflüster war eindeutig Elisabeth und Pierre zuzuordnen. Marta unterdrückte ihren Impuls, ins Zimmer zu stürzen und ihre verhasste Stiefmutter bloßzustellen. Ihr war wichtig, dass sie nun mit Sicherheit wusste, dass Elisabeth ihren Vater betrog und sie wollte das beizeiten nützen, wenn sie ihr wieder einmal quer kam. Mit Ferdinand hatte Marta inzwischen wenig Mitleid, er hatte sich diese Frau selbst ins Haus geholt und dabei wenig Rücksicht auf seine Tochter genommen. Nun musste er mit den Folgen leben.

Folgen blieben unterdessen nicht aus. Elisabeth wurde schwanger. Und obwohl sie Ferdinand versuchte, das Kind als seins unterzuschieben, war dieser doch ausgesprochen skeptisch und seine Gefühle gegenüber seiner Frau kühlten merklich ab. Noch vor Kriegsende wurde der Sohn Viktor geboren und Ferdinand ließ seine Zweifel nicht nach außen dringen und nahm ihn als seinen Sohn an. Immerhin hatte sich damit spät noch sein Wunsch nach einem Nachfolger und Erben erfüllt.

Nach dem Ende des Krieges wurde Pierre Moulin entlassen und nach Hause geschickt und es gab keinen Kontakt mehr zu ihm. Erst nach Ferdinands Tod, 1932, versuchte Elisabeth ihn zu finden, allerdings ohne Erfolg.

Maurice hatte das Geschehen aufmerksam beobachtet. Er hatte Pierre gewarnt, auf die schönen Augen der Frau des Hauses hereinzufallen und zu weit zu gehen. Immerhin konnte Ferdinand dem Kriegsgefangenen erheblichen Ärger machen, der ihn diese ruhige Stelle zum Abwarten des Krieges kosten konnte. Er hörte nicht auf ihn und hatte trotz der offensichtlich von ihm gezeugten Schwangerschaft Glück bis zum Kriegsende, weil Ferdinand einen Erben wollte und seine Zweifel an seiner Urheberschaft verdrängte.

Pierre wies Maurice zurück: „Sei du ganz still. Ich habe wohl bemerkt, wie du hinter dem gestrengen Töchterlein herschaust. Wenn du die Finger nicht von ihr lassen kannst, wirst du genauso den Ärger mit dem Vater bekommen. Also lass mich in Ruhe!"

Damit lag er nicht falsch. Maurice war wie Pierre noch unverheiratet und die ernste, fleißige und kluge Marta gefiel ihm sehr wohl. Allerdings ließ sie ihm keine Gelegenheit, ihr seine Zuneigung zu offenbaren. Sie war zwar nicht abweisend, sondern durchaus freundlich. Aber sie schien ihre Gedanken gar nicht in Richtung auf eine Beziehung zu richten. Sie war inzwischen über dreißig, also eigentlich schon eine alte Jungfer. Aber sie sah nach wie vor sehr gut aus, war schlank und groß und hatte ein sehr ebenmäßiges Gesicht, in dem sich nur zu selten ein Lächeln zeigte.

Im November 1917 sollte ein Stallgebäude unbedingt noch fertig gestellt werden vor dem Winter, obwohl das Wetter schon ausgesprochen unfreundlich und kalt wurde. Maurice mauerte also mit klammen Fingern die letzten Steine in den Dachfirst. Anschließend wollte er die Gerätschaften vom Gerüst aufräumen und hinunter bringen. Als er mit einer Hand an der Leiter und einem Kübel in der anderen die Leiter hinunterstieg, rutschte er ab und stürzte einige Meter in die Tiefe. Er brach sich den linken Knöchel und wurde in seine Kammer im Ehlbeck-Haus gebracht.

Ferdinands einziger Kommentar zum Unfall war, dass er wenigstens noch fertig gemauert habe, bevor er sich eine Winterpause gönnte. Eigentlich hätte Elisabeth im Haushalt am ehesten Zeit gehabt, sich um den Kranken zu kümmern, aber sie lehnte dies schlicht ab. Bei Pierre hätte sie vielleicht anders reagiert. So blieb die Aufgabe, Maurice Essen zu bringen und sein Bett zu richten zusätzlich an Marta hängen.

Nun allerdings hatte Maurice die Gelegenheit, Marta besser kennenzulernen und mehr Zeit mit ihr zu verbringen. Er bot ihr an, Französisch beizubringen und nach anfänglichem Zögern nahm sie sein Angebot an. Schließlich verbrachte sie immer mehr Zeit in Maurices Zimmer, sie parlierten Französisch, sie verfeinerte sein Deutsch. Aber Maurice erzählte ihr auch viel von seiner Heimat. Seit 1871 war das Elsass ja deutsch gewesen, er, Maurice also als Deutscher geboren. Seine Familie hatte sich allerdings immer Frankreich zugehörig gefühlt. Und als sich abzeichnete, dass Frankreich das Elsass zurückerobern wollte, war er nach Frankreich gefahren und hatte sich dort den französischen Truppen angedient. Sie waren mit ihrem Trupp sogar fast bis nach Colmar, seiner Heimatstadt, vorgedrungen, aber dann fraß sich die Front fest und es kam zum Stellungskrieg, besonders in den Vogesen. Maurice war mit einem Spähtrupp unterwegs, als sie von deutschen Soldaten gestellt und hinter die Frontlinie gebracht wurden. Dort gab er sich lieber als Franzose aus, um nicht als deutscher Deserteur standrechtlich erschossen zu werden. Aus einem Gefangenenlager in Stuttgart war er in einer langen Zugfahrt nach Hamburg transportiert worden und schließlich in Scheepermoor gelandet.

Marta war nicht nur fasziniert von Maurices Geschichte, sie wunderte sich auch darüber, dass er sie ihr so freimütig erzählte. Immerhin hätte sie ihn melden und er hätte das Schicksal eines

Deserteurs auch jetzt noch erleiden können. Aber Maurice setzte alles auf eine Karte und verließ sich auf die Vertrauensbasis, die er zwischen sich und Marta zu spüren glaubte. Inzwischen sprach sie schon einigermaßen Französisch und die beiden nutzten dies, um sich unverstanden von den anderen, bis auf Pierre natürlich, zu unterhalten. Marta öffnete sich auch Maurice gegenüber, indem sie von ihren Gefühlen gegenüber ihrem Vater und der bösen Stiefmutter erzählte und von ihrem Wunsch, aus dieser Situation heraus zu kommen.

Die Pflege ihres Patienten brachte zwangsläufig auch eine körperliche Nähe mit sich und nach und nach entwickelte sich bei Marta ein Gefühl der Geborgenheit in Maurices Nähe. Und schließlich wehrte sie sich nicht, als Maurice es wagte, sie zärtlich zu streicheln, sie mit französischen Kosewörtern zu benennen und sie endlich zu küssen. Natürlich mussten sie ihr Verhältnis verheimlichen und das gelang ihnen auch viel besser als Elisabeth und Pierre. Die Schwangerschaft Elisabeths und die gespannte Stimmung im Haus spielten ihnen in die Karten, so dass niemand etwas bemerkte. Maurice konnte im Frühjahr wieder laufen und arbeiten und alle warteten sehnsüchtig auf ein Ende des Krieges, der sich zwar inzwischen auf die Westfront beschränkte nach dem Frieden von Brest-Litowsk. Aber nach dem Eingreifen der USA in das Kriegsgeschehen waren die Aussichten auf einen Sieg immer geringer geworden.

Im November 1918 war der Krieg zu Ende. Pierre und Maurice wurden nach Hause entlassen. Pierre verschwand ohne die Tränen in Elisabeths Augen zu beachten. Maurice umarmte dagegen Marta jetzt ungezwungen vor den Augen ihres Vaters. Er versprach sich zu melden, sobald er zuhause wieder Fuß gefasst hätte. Und das tat er auch. Es gab viel aufzubauen in Colmar und Umgebung. Maurice tat sich mit einem befreundeten Architekten zusammen und beide gründeten eine Firma, die sich schnell entwickelte. Maurice nahm die französische Staatsbürgerschaft an, was keine Probleme machte nach seinem Kriegseinsatz auf französischer Seite. Die ganze Zeit über schrieben sich Maurice und Marta Briefe. Immer wieder fragte er, ob sie nicht zu ihm kommen wolle.

Die Stimmung im Ehlbeck-Haus wurde immer unerträglicher. Elisabeth kümmerte sich mühsam um ihren Sohn, zu dem Ferdinand nur wenig Kontakt hatte. Marta verspürte immer weniger Lust, ihre Arbeit zu erledigen, die von niemandem anerkannt wurde in einer Atmosphäre der Nichtbeachtung und Demütigung.

Schließlich fasste sie den Entschluss, ganz zu Maurice zu gehen und die trostlose Situation im Elternhaus zu verlassen.

„Vater", begann sie an einem Sonntagmorgen nach dem Kirchgang in der Küche, „ich werde nach Frankreich gehen. Ich möchte, dass du mir ein ordentliches Abschlussgehalt auszahlst für die jahrelange Arbeit, die ich in den Betrieb gesteckt habe. Und du musst dir eine neue Buchhalterin suchen. Den Haushalt wird nun wohl Elisabeth führen müssen."

Ferdi Ehlbeck fiel aus allen Wolken. Natürlich war ihm nicht entgangen, dass seine Tochter sich nicht wohlfühlte in ihrer Lebenssituation, aber er hatte das immer wieder verdrängt und nicht wirklich ernst genommen. Dass sie sich mit der Verbindung zu Maurice inzwischen einen veritablen Ausweg geschaffen hatte, hatte er tatsächlich nicht mitbekommen. Und nun stand er da und wusste nicht, was er tun sollte. Blitzartig wurde ihm klar, dass er Marta nicht mehr würde von ihrem Entschluss abhalten können. Er setzte sich still auf einen Stuhl und schwieg. Elisabeth, die natürlich mit in der Küche war, fing hingegen eine entsetzte Tirade an, denn es wurde ihr klar, was Martas Entschluss für sie bedeutete. Neben der Versorgung ihres Babys müsste sie nun den ganzen Haushalt bewältigen und sie konnte nicht davon ausgehen, dass Ferdi sie unterstützte, der sehr zurückhaltend und kühl geworden war nach der Schwangerschaft und der Geburt Viktors.

„Das kannst du nicht machen. Wie soll das denn gehen. Ferdi, tu doch was!"

Aber Marta tat, was sie geplant hatte und ließ sich nicht erweichen. Sie genoss vielmehr die Verzweiflung, die sich bei Elisabeth ausbreitete.

Marta fuhr im Sommer 1919 nach Colmar. Im Herbst heiratete sie Maurice und wurde Französin. Sprachbarrieren gab es dank des guten Sprachunterrichts von Maurice kaum. Ihre beruflichen Fähigkeiten konnten in der Firma ihres Mannes gut verwendet werden. Ihr Fleiß und ihr Engagement brachten die Arbeit voran. Wie befreit arbeitete sie nun mit frischer Energie, die sie auch aus der Liebe zu Maurice zog. Und bald schon dachte sie nur noch selten an Scheepermoor und ihren Vater. Die freundliche Aufnahme in Maurice' Familie, die Anerkennung ihrer Mitarbeit und die wunderschöne Landschaft des Elsass taten ein Übriges. Nur zur Beerdigung des Vaters, 1932, setzte sich Marta in einen Zug und nahm die lange Fahrt auf sich. Das Verhältnis zu ihrer Stiefmutter war eisig. Dennoch mussten ein paar Fragen wegen des Erbes geklärt werden. Viktor, Pierre wie aus dem Gesicht geschnitten, würde bald die Schule beenden und dann eine Maurerlehre beginnen, um später das väterliche Geschäft zu übernehmen. Solange würde Elisabeth das Geschäft mithilfe von Angestellten weiterführen. Ferdinand hatte seine Frau als Alleinerbin der Firma und des Hauses eingesetzt, mit der Vorgabe, dass Viktor das Geschäft übernehmen sollte, sobald er dazu in der Lage war. Dennoch konnten die beiden Töchter aus der ersten Ehe nicht völlig ausgeschlossen werden, ihr Pflichtteil stand ihnen zu. Das bedeutete, dass Elisabeth sie hätte auszahlen müssen, wodurch das Geschäft in eine bedrohliche finanzielle Lage geraten würde. Marta war inzwischen durch die Firma ihres Mannes eine wohlhabende Frau. Sie übernahm es, ihre Schwester Elvira auszubezahlen, wofür die sehr dankbar war. Elviras und ihren eigenen Anteil an Firma und Haus beließ sie im Geschäft und verblieb damit als stille Teilhaberin. Auf diese Weise konnte das Geschäft gefahrlos weitergeführt werden, Marta behielt aber mit ihrem Anteil ein gewisses Maß an Kontrolle, damit sich Elisabeth an die Vorgaben des Testaments hielt. Diese war dankbar und zornig zugleich, dass sie zwar ihr Leben weiterführen, aber Marta daraus nicht völlig vertreiben konnte.

Marta fuhr mit dem guten Gefühl nach Hause, denn das war Colmar inzwischen für sie, dass sie ein letztes Standbein in der alten Heimat behalten und ihre Stiefmutter im Zaum gehalten hatte, ohne dass sie sich wirklich kümmern musste. Es sollte 35 Jahre dauern, bis sie wieder nach Scheepermoor zurückkehrte.

Helene II

Helene hatte die Jahre als Mutter und Hausfrau durchaus genossen, obwohl sie ihren Beruf sehr liebte und auch allseits anerkannt wurde. Besonders genoss sie die abendliche Zeit, wenn sie die Kinder ins Bett brachte und ihnen Geschichten erzählte, bis die müden Augen zufielen. Einige der Geschichten wollten die Kinder immer wieder hören und so schrieb Helene sie auf, damit sie nicht vergessen werden konnten. Markus wollte besonders gerne Geschichten erzählt bekommen, in denen Tiere die Hauptrollen spielten. Schon früh zeichnete sich ab, dass er Förster oder Biologe werden wollte.

Der kluge Fuchs Foxl hatte es ihm besonders angetan und so erfand Helene immer neue Abenteuer mit dem flinken rotbraunen Gesellen. Als Sarah älter wurde, fing sie an eigene Geschichten für sich zu fordern und so musste Markus eben auch die Geschichten der Prinzessin Golda mit anhören, die allerdings mit einigen tapfer kämpfenden Rittern angereichert waren, die ihm auch gefielen. Das Nesthäkchen Rebecca lenkte die Inhalte der Gute-Nacht-Geschichten schließlich in das Reich der Feen. Aber da es auch hier Trolle, Zwerge und Drachen und andere Fabelwesen gab, hörten auch die älteren Geschwister noch gerne zu, wenn Helene mit einer neuen Geschichte für die kleine Schwester ankam. Im Laufe der Jahre hatte sich eine ordentliche Sammlung der Helene-Geschichten angesammelt.

Gesche Behrens hatte 1924 ihre uneheliche Tochter Trine in Scheepermoor zur Welt gebracht und lebte dort bei ihren Eltern. Sie arbeitete nun als Hauswirtschaftslehrerin in der Kreisstadt. Aber sie hatte sich in den vergangenen Jahren auch einen guten Ruf als Malerin und Zeichnerin in Worpswede gemacht. Als sie nun ihre Tochter in den Kindergarten brachte, erlebte sie mit, wie Helene dort einem Kreis Kinder mit offen stehenden Mündern eine ihrer Geschichten vortrug.

„Helene“, sprach Gesche sie an, als der Kinderkreis sich aufgelöst hatte und die Kinder in kleinen Gruppen für sich spielten,

„woher hast du nur diese Geschichte? Hast du gesehen, wie die Kinder gefesselt waren und an deinen Lippen hingen?"

„Davon habe ich jede Menge", antwortete Helene lachend, „das sind die Gute-Nacht-Geschichten, die ich meinen Kindern immer erzählt habe. Die gehen auch hier ganz gut, nicht?"

„Aber die sind wirklich gut. Hast du mal daran gedacht, sie zu veröffentlichen?" Gesche war ganz begeistert. Aber Helene reagierte eher zurückhaltend.

„Nein, das sind doch meine ganz privaten Geschichten. Wer soll sich dafür schon interessieren?"

„Pass mal auf", insistierte die alte Freundin, „ich möchte auf jeden Fall mehr davon hören. Meinst, das geht? Wir haben uns ja lange nicht gesehen, selbst nachdem ich wieder hier lebe. Aber du hast vielleicht davon gehört, dass ich in Worpswede auch gezeichnet habe. Ich hätte große Lust, deine Geschichten zu illustrieren. Dann bekämen sie eine noch größere Wirkung. Was glaubst du, wie viele Mütter es gibt, die ein solches Buch für ihre Kinder nutzen würden?"

Helene war noch immer ungläubig und schüchtern.

„Meinst du wirklich?"

„Liebe Helene, ich lade dich hiermit offiziell zum Kaffeetrinken am nächsten Sonnabend zu mir ein. Einzige Bedingung, du bringst deine Geschichten mit. Dann können wir zusammen sichten, was da an ungehobenen Schätzen vorhanden ist. Und dann sehen wir weiter. Ich kann ja vielleicht mal eine Illustration versuchen, damit du auch siehst, wie ich arbeite. Was hältst du davon?"

Helene gab nach: „Auf jeden Fall finde ich es schön, mit dir beim Kaffee mal ausführlich über alte Zeiten zu klönen. Alles andere werden wir dann sehen."

Was für ein schöner und wichtiger Tag wurde der Sonnabend. Die Sonne schien warm vom Himmel. Die Kaffeetafel wurde auf der Wiese hinter dem Haupthaus gedeckt. Der Butterkuchen duftete herrlich und das Gespräch war von Anfang an lebhaft und vertraut. Jede berichtete der anderen über die Entwicklungen der letzten zwanzig Jahre und beide waren verwundert, wie die Zeit vergangen war. Schließlich holte Helene aus ihrer großen Tasche ein halbes Dutzend Kladden heraus, die eng beschrieben waren und einige Eselsohren aufwiesen, da sie ja immer wieder genutzt worden waren.

Sie begann mit einigen Foxl-Geschichten, ging dann zu Prinzessin Golda über und las auch noch ein paar Feen-Märchen, von denen sie wusste, dass Rebecca sie besonders geliebt hatte. Gesche saß eingekuschelt in einen Korbstuhl da und lauschte der warmen Stimme ihrer alten und nun neuen Freundin. Sie war vollkommen verzückt, eine Geschichte gefiel ihr besser als die andere. Schließlich nahm sie ihren Skizzenblock, den sie sich zurecht gelegt hatte und begann eine Zeichnung von der Fee Tulipa, die einen großen, aber gar nicht so bösen Drachen besänftigte. Als Helene die Zeichnung sah, traten ihr Tränen in die Augen. Genau so war das Bild in ihrem Kopf, wenn sie diese Geschichte erzählte, aber die Art, in der Gesche die niedliche Fee und den wunderschönen Drachen mit nur wenigen Bleistiftstrichen erfasst hatte, war auch grandios.

„Wenn ich das Rebecca zeige, wird sie die Zeichnung nicht wieder hergeben wollen", meinte sie schließlich. „Ich verstehe jetzt, was du dir vorstellst und ich kann mich damit anfreunden. Versuchen wirs."

„Dann werden wir wohl in den nächsten Wochen ein wenig mehr Zeit miteinander verbringen. Ich freu mich drauf."

Beide Frauen trafen sich danach häufig, Gesche las die schönen Geschichten Helenes und machte Skizzen für Illustrationen, von denen Helene immer wieder begeistert war. Gesche hatte Kontakte zu Verlagen in Bremen und stieß dort auf offene Ohren für das Vorhaben. Schon 1928 kam das erste Kinderbuch heraus und war sehr erfolgreich. Helene und Gesche hatten sich für die Foxl-Geschichten entschieden und Gesches kleiner Fuchs war äußerst niedlich gelungen, hatte aber auch vor Intelligenz funkelnde dunkle Augen. Die zarte Koloration der Zeichnungen gab den Büchern einen ganz eigenen Stil und schnell verlangte der Verlag nach Nachschub, als er die Fuchsgeschichten erneut auflegen musste. Über eine Reihe von Jahren produzierten Helene und Gesche fast ein Dutzend Bücher, die von Kindern in ganz Deutschland gerne gelesen und betrachtet wurden und beide, Schriftstellerin und Illustratorin erlangten einen gewissen Namen.

Helenes Kinder waren stolz auf ihre Mutter und dass sie der Anlass für all die schönen Geschichten gewesen waren. Und letztlich verdienten beide Frauen auch nicht schlecht an ihren Büchern. Hubertus musste zugeben, dass er diesen Erfolg seiner sonst so stillen und zurückhaltenden Frau ein wenig neidete. Sie verdiente schließlich mehr mit der Schriftstellerei als er als Kirchenbeamter und konnte sich ein ordentliches Sparkonto anlegen, das sie für die Ausbildung der Kinder nutzen wollte.

Gesche II

Der 1. Weltkrieg durchkreuzte alle Pläne, die Gesche sich gemacht hatte. Schon im August 1914 wurde Horst als Reservist eingezogen. Gesche arbeitete still und konsequent weiter auf dem Rossmann-Hof, war aber innerlich voller Sorge. Und ihre Ängste bestätigten sich. Horst fiel schon im ersten Kriegsjahr in Flandern.

Gesche war untröstlich. Sie hatte ihr ganzes Leben nun auf eine gemeinsame Zukunft mit dem ihr inzwischen sehr vertrauten und geliebten Horst eingestellt. In einem Brief, den sie von ihrer Mutter erhielt auf die traurige Nachricht von Horsts Tod hin, schrieb die ihr, dass in der Kreisstadt Hauswirtschaftslehrerinnen gesucht würden für eine Berufsschule, die neu eingerichtet wurde. Gesche kündigte daraufhin ihre Stelle auf dem Rossmann-Gut und kehrte nach Scheepermoor zurück. Sie nahm ein Dreivierteljahr an einem Ausbildungsseminar teil und wurde dann als Lehrerin angenommen. Ja, man erhoffte sich viel von der jungen Frau, die mit ihren Erfahrungen die Seminarausbildung nur pro Forma machen musste. Und Gesche zeigte sich als sehr kompetent und überzeugend, beim Aufbau der Hauswirtschaftsabteilung in der Berufsschule und übernahm dort schließlich die Abteilungsleitung.

Als der Krieg zu Ende ging, war Gesche 27. Eine neue Beziehung hatte sich nicht ergeben, sie hatte sich voll in ihre neue Arbeit gestürzt und versuchte auf diese Weise, ihre Erinnerungen an Horst zu verdrängen. Sie galt inzwischen als alte Jungfer. Aber Sie war als Kollegin und Vorgesetzte sehr anerkannt durch ihre sympathische und überzeugende Art. Und auch bei den Schülerinnen war sie sehr beliebt. Angefreundet hatte sie sich mit einem älteren Kunstkollegen, Heinrich Friese. Sie hatte wieder begonnen in ihrer freien Zeit zu zeichnen und zu malen und er hatte ihr Tipps und Ratschläge gegeben und ihr erkennbares Talent gefördert. Gesche arbeitete besonders gerne mit Aquarellfarben, mit denen sie die schönsten landschaftlichen Ecken rund um Scheepermoor in verschiedenstem Licht einfing oder mit Kohle, mit der sie gerne porträtierte, aber sich auch an Aktzeichnungen heranwagte. Dazu holte sie sich einen großen Spiegel in ihre Kammer und schloss hinter sich die Tür sorgfältig ab. Gesche war inzwischen eine reife Frau mit großem, aber noch straffem Busen und glattem, feinem Gesicht. Durch ihre Arbeit und auch durch die Wanderungen in die Umgebung war sie schlank und sogar etwas muskulös geblieben. Diese weiblichen Aspekte versucht sie nun vor dem Spiegel mit Bleistift und Kohle einzufangen.

Heinrich Friese nahm sie bald mit nach Worpswede und führte sie in die Künstlerszene dort ein, zu der er Verbindungen hatte. Und Gesche erlebte hier eine Form von Anerkennung, aber auch von Freiheit, vom lockeren Umgang mit gesellschaftlichen Engen, die sie bisher nicht kannte. Außerdem lernte sie hier Künstler und ihre Werke kennen, die sie inspirierten. Otto Modersohn, Fritz Mackensen und vor allem Heinrich Vogeler imponierten ihr sehr. Modersohns Frau, Paula Becker, war allerdings schon verstorben, aber sie studierte besonders ihre Aktbilder intensiv, auch lernte sie Clara Westhoff, Paulas Freundin und Frau des Dichters Rainer Maria Rilke kennen, als sie 1919 nach Fischerhude zog. Sie besuchte die Malschule von Georg Tappert, die der 1906 in Worpswede gegründet hatte. Und nach und nach machte sie sich auch mit eigenen Werken einen Namen in der Künstlerkolonie.

Im Herbst 1920 verbrachte Gesche ihre Herbstferien in Worpswede, nachdem sie einige Monate durch ihre Arbeit daran gehindert war. Sie zog mit Leinwand und Staffelei in die Moorlandschaft an der Oste und versuchte die Farben des Herbstlaubes und des Herbstlichtes auf die Leinwand zu bannen. Auf dem Rückweg in ihre Pension fiel ihr ein neu eröffnetes Möbelgeschäft auf und sie betrachtete neugierig die auffällig gedrechselten Stühle und Schränke, die in einem kleinen Schaufenster ausgestellt waren. Eine junge Frau ungefähr in ihrem Alter bediente einen Kunden, der sich für einen schön geschwungenen Sekretär interessierte. Die Frau kam ihr sehr bekannt vor und Gesche entschloss sich hineinzugehen. Als sich die Frau Gesche zuwandte, erkannte auch sie sie sofort.

„Gesche Behrens, wo kommst du denn her?"

„Erdmute Miesner, wusst ichs doch. Was treibst du denn in Worpswede? Ich hörte, du lebst in Leipzig."

Die beiden Frauen fielen sich in die Arme.

„Ich heiße jetzt Bachmann", erklärte Erdmute, „aber ich bin inzwischen geschieden und vor einem halben Jahr mit meiner Tochter hierher gezogen. Meine Ideen für Möbel passen gut in dieses Künstlerdorf und hier habe ich ja auch meine Grundausbildung bekommen. Und was machst du hier?"

„Na was wohl?", lachte Gesche. „Ich male."

„Ach, komm doch mit nach hinten in meine Wohnung. Ich setze schnell Kaffee auf und dann kannst du mir alles in Ruhe erzählen", lud Erdmute Gesche ein.

„Einverstanden", meinte Gesche. „Ich habe ja eigentlich Ferien. Aber du hast bestimmt auch eine Menge zu berichten."

Dass Gesche ausgerechnet hier in Worpswede die alte Freundin wieder gefunden hatte, führte dazu, dass Gesche nun noch öfter herkam. Zusammen gingen die beiden Freuen auf Vernissagen und Künstlerfeste und machten dabei natürlich auch Werbung für ihre eigene Arbeit, Gesche bereitete ihre erste eigene Ausstellung vor und zeigte vorab schon einige Bilder in Erdmutes Möbelgeschäft und Erdmute stellte neben Gesches Bildern auch ihre Designmöbel aus.

Beide wurden nach und nach bekannter, sodass sich auch weitere Ausstellungen zum Beispiel in Bremen ergaben.

Auch neue Beziehungen mit Männern ergaben sich, allerdings mit unterschiedlichen Ergebnissen. Während Erdmute sich in den Maler Matthias Klee verliebte und ihn später auch heiratete und einen weiteren Sohn bekam, war Gesches Beziehung komplizierter.

Auch sie hatte sich verguckt in einen etwas älteren Maler, einen Freund von Matthias. Hans war allerdings verheiratet und eher ein Schürzenjäger, der mit seinen Eroberungen unter den jüngeren Frauen prahlte, als einer, der sich für solch ein Abenteuer von seiner Familie trennte.

Allerdings bemerkte Gesche bald, dass sie schwanger war. Als sie Hans damit konfrontierte, kam es zu einer sehr unschönen Szene, in der sein Charakter deutlich wurde und die Maske des Charmeurs fiel und ein selbstsüchtiger Macho dahinter zum Vorschein kam. Er zweifelte seine Vaterschaft an, stempelte Gesche damit zum Flittchen, das sich in ihrem Alter noch einen Mann ergaunern wollte und schickte sie quasi wieder zurück in die Provinz, aus der sie hervorgekrochen war.

Gesche war tief gedemütigt und zog sich tatsächlich zurück auf den elterlichen Hof nach Scheepermoor. Sie arbeitete weiter als Hauswirtschaftslehrerin und brachte Anfang 1924 ihre Tochter Trine zur Welt. Aber sie gab auch ihre künstlerische Arbeit nicht auf. Sie malte und zeichnete weiter, stellte aus und verkaufte auch etliche Bilder erfolgreich.

Besonders erfolgreich war ihre Zusammenarbeit mit Helene Finke. Zusammen mit ihr gab sie eine Reihe von Kinderbüchern heraus, für die Helene die Geschichten und Gesche die Illustrationen beitrug. Sie gab aber ihren Brotberuf als Lehrerin dabei nie auf.

Erdmute II

Erdmutes Mann Erich blieb über die gesamte Dauer des Krieges in französischer Kriegsgefangenschaft und überlebte ihn auf diese Weise. Erdmutes jüngerer Bruder Georg fiel vor Verdun 1916, ihr älterer Bruder Ludwig kehrte 1917 verwundet aus dem Krieg zurück. Er erholte sich und übernahm danach mehr und mehr den väterlichen Hof. Ihre Schwester Helga heiratete einen Bauern aus der Nachbarschaft und bekam schnell hintereinander vier Kinder. Erdmute übernahm in Leipzig viele Arbeitsbereiche ihres Mannes. Die Hoffnung ihres Schwiegervaters, dass sie mit ihrer Ausbildung noch nützlich sein könnte für den Betrieb, bewahrheitete sich früher als ihm lieb war. Nebenbei kümmerte sie sich viel um ihre kleine Tochter Berta, die auch den Schwiegereltern ans Herz wuchs. Überhaupt verstand sie sich ausgezeichnet mit den Schwiegereltern. Sie half im Haushalt, wo sie konnte und sie war schon immer in diesen Dingen kompetent und arbeitete schnell. So sorgte sie über die langen Kriegsjahre wieder einmal dafür, dass der Laden lief, resolut, aber auch effektiv. Von Erich wusste sie, dass er in Gefangenschaft war, sorgte sich darum, wie es ihm ergehen würde, hoffte aber auch, dass er heil zurückkommen würde, wenn der Krieg endlich enden würde.

Erich hatte es nicht schlecht getroffen in der Gefangenschaft. Er war zur Zwangsarbeit eingesetzt in einem großen Sägewerk in Südfrankreich. Dort lernte er in der langen Zeit der Gefangenschaft nicht nur französisch, sondern auch eine Französin kennen und lieben. Die Tochter des Sägewerksbesitzers hatte bald erkannt, dass er kein einfacher Arbeiter war. Sie hatte ihn angesprochen und war ihm in den langen Monaten näher gekommen, bis er ihrem Charme nicht mehr wiederstehen konnte und sich mit ihr einließ. Als er Anfang 1919 heimkehrte, hatte er seine dreijährige Tochter noch nie gesehen und zu Erdmute hatte sich nicht nur eine räumliche, sondern auch eine emotionale Entfernung entwickelt, die beide bald nicht mehr verleugnen konnten. Schließlich gestand Erich seiner Frau, dass er eine Französin liebte und sie zu sich holen wollte.

Erdmute hatte gemeinsam mit den Schwiegereltern das Geschäft über den Krieg gerettet und ihr Verhältnis zu ihnen war ausgezeichnet. Besonders ihre kleine Enkeltochter liebten Bachmanns über die Maßen. Daher war es für sie schwer zu verkraften, als sich Erich und Erdmute 1920 scheiden ließen und Erdmute das Kind mitnahm in den Norden. Sie zog allerdings nicht zurück nach Scheepermoor, sondern ging wieder nach Worpswede. Hier versprach sie sich zu Recht eine gute Basis für ihre modernen Designmöbel. Die großzügige Abfindung von Familie Bachmann konnte sie nun nutzen für die Gründung eines eigenen Geschäftes. Sie arbeitete zunächst mit der Tischlerei ihres Onkels zusammen, machte sich dann aber bald selbständig. Er stellte ihr sogar einen seiner jungen Mitarbeiter dafür frei. Und sie baute nun ihre eigenen Stilmöbel, die schnell auch Verbreitung im Hamburger und Bremer Raum fanden. Erdmutes Durchsetzungsvermögen, aber auch ihre hervorragende Arbeit führten sie zum Erfolg und mit der Zeit auch zu einigem Vermögen. Berta wuchs in Worpswede fröhlich heran, spielte viel in der Werkstatt oder in den Wiesen der Umgebung, lernte aber auch über die Kundschaft ihrer Mutter weltoffene Menschen und Städter kennen.

Auch Erdmute kam schnell in Kontakt mit der Künstlerkolonie. Zum einen verkaufte sie ihre Möbel gerne an Künstler, die sich hier niederlassen und einrichten wollten, zum anderen war sie die Adresse, an die man sich wendete, wenn man eigene Ideen und Vorstellungen von Einrichtungsgegenständen hatte. Erdmute konnte sie umsetzen.

Eines Tages schneite Gesche Behrens in ihr Geschäft. Sie war inzwischen als Malerin und Zeichnerin recht gut bekannt, auch in der Worpsweder Szene. Bald sah man die beiden jungen Frauen oft gemeinsam auf Künstlerbällen. Sie wurden auch gerne eingeladen, wenn im Sommer Feste auf dem Barkenhoff veranstaltet wurden oder die Gesellschaft sich in Ruderbooten mit Lampions auf die nächtliche Oste begaben. Es waren gute Jahre in guter Umgebung.

Gesche verliebte sich in einen etwas älteren Maler, der allerdings verheiratet war. Sie wurde schwanger und er trennte sich von ihr. Daraufhin zog sie sich wieder ganz zurück nach Scheepermoor, wo sie ihre Tochter großzog.

Auch Erdmute verliebte sich, allerdings mit mehr Glück. Der Maler Matthias Klee war zwei Jahre jünger und auch etwas kleiner als sie. Er war schüchtern und warf zunächst nur aus der Ferne sehnsüchtige Blicke auf die große, etwas streng wirkende Frau, die immer zusammen mit ihrer Freundin auf den Feiern erschien. Erst als Gesche sich öfter mit einem Malerfreund zurückzog und Erdmute allein ließ, wagte er es sie anzusprechen. Erdmute war durchaus offen für Zuwendungen, die Scheidung lag Jahre zurück und das Geschäft lief so gut, dass sie sich auch Zeit für sich selbst nehmen und die Arbeit ihren Angestellten überlassen konnte. Und dieser nette Maler, dessen Bilder sie neulich auf einer Ausstellung gesehen und bewundert hatte, war ihr auf Anhieb sympathisch. Sie sprachen bis zum Morgengrauen und er brachte sie heim und verabschiedete sich mit einem Handkuss. Eine Zeitlang gingen sie nun zu viert aus, bis Gesche übereilt den Ort verließ. Das brachte Matthias aber Erdmute noch näher, die sich bald seinen vorsichtigen Annäherungen hingab.

Und als sie schwanger wurde, war die Heirat keine Frage. Wieder einmal wurde ein Fest gefeiert, an dem Erdmutes Familie teilnahm. Auch Matthias' Familie, er stammte aus Bremen, kam zum Fest. Anfängliche Bedenken gegen eine geschiedene Frau mit Kind hatte Matthias schnell ausgeräumt. Im Gegenteil, Erdmutes gut gehendes Geschäft sicherte nach Meinung seines Vaters die doch etwas windige Karriere seines Malersohnes ab.

Ihr Sohn Leo wurde 1926 geboren. Aber Matthias war durchaus anerkannt und erfolgreich und keineswegs abhängig vom Möbelgeschäft Erdmutes. Matthias konzentrierte sich auf die Landschaftsmalerei und hielt das Moor, die Wiesen und Birken in allen Tages- und Abendlichtstimmungen fest. Seine Bilder verkauften sich. Und in den folgenden Jahren in Worpswede ging es der kleinen Familie Klee sehr gut.

Die Machtübernahme der Nationalsozialisten brachte für Erdmute und Matthias keine großen Änderungen. Matthias gehörte zu den Malern in Worpswede, die gegen die neuen deutschen Vorstellungen von Kunst nicht verstießen. Und er hielt auch die Füße still, als anderen Kollegen das Malen verboten wurde. Ihm gefielen die Gängelung und der Missbrauch der Kunst durch das neue Regime gar nicht, aber er war auch vorher nie politisch aktiv gewesen und behielt deshalb auch jetzt seine Meinung für sich. Er ließ sich allerdings auch nicht für die neue deutsche Politik begeistern oder gar dafür einbinden. Er lebte mit seiner Familie still und zurückgezogen, meistens war er mit Staffelei und Farben zu Fuß im Moor unterwegs und malte allein.

Dörte II

Detlef Ondukat hatte zur großen Freude und Erleichterung Dörtes den 1. Weltkrieg überlebt. Sein Schiff war fast ausschließlich im Nordatlantik als Geleitzug für Handelsschiffe eingesetzt und hatte nur wenig Feindkontakt gehabt. Als dann im Oktober 1918, als der Krieg offensichtlich schon verloren war, der Befehl kam, sich in einer letzten Schlacht der Royal Navy zu stellen und sich ehrenvoll zu opfern, stellte sich die Mannschaft gegen diesen Befehl. Das Schiff fuhr zurück in den Heimathafen Kiel und die Matrosen beteiligten sich dort an dem Aufstand der Marine. Detlef war aktiv dabei, allerdings störten ihn die radikalen Forderungen der Arbeiter- und Soldatenräte, die einen sozialistischen Staat anstrebten.

Als Stresemann in Berlin die Republik ausrief, schloss er sich der Sozialdemokratischen Partei an und arbeitete aktiv am Aufbau der Weimarer Republik mit. Detlef kehrte nach Scheepermoor zurück und nahm die Arbeit als Lehrer wieder auf. Er gründete hier einen Ortsverein der SPD und wurde in Scheepermoor zunächst Gemeinderatsmitglied und ab 1924 dann Bürgermeister der Gemeinde.

Dörtes Brüder, die auch beide zum Kriegsdienst eingezogen wurden, hatten weniger Glück. Winfried fiel 1915 im Schützengraben durch einen Scharfschützen und Siegfried starb nach einer Wundinfektion in einem Lazarett hinter der Westfront. Dadurch war Dörte nun die Hoferbin und sie musste ihrem Vater versprechen, den Hof weiter zu führen und an einen ihrer Söhne zu übergeben, was sie auch hoch und heilig tat.

Aber solange Günter und Dorothea noch in der Lage waren, den Hof zu bewirtschaften, wandte sich Dörte ebenfalls der Politik zu so wie ihr Mann, zunächst der Kommunalpolitik. 1919 hatten die Frauen in der neuen Republik das aktive und das passive Wahlrecht erhalten und das wollte Dörte wohl wahrnehmen. Als Detlef bei der Kommunalwahl 1924 zum Bürgermeister gewählt wurde, erhielt auch Dörte einen Sitz im Gemeinderat, ebenfalls für die SPD. Ihre Präsenz in ihrem Heimatort, ihr Bekanntheitsgrad und ihre Durchsetzungsqualitäten hatten besonders die Frauen des Ortes bewogen, ihr ihre Stimme zu geben. Einige Jahre arbeiteten beide Ondukats Seite an Seite erfolgreich für ihre Gemeinde.

Das änderte sich 1933 mit der Machtergreifung der Nationalsozialisten. Die Mehrheiten für die SPD waren auch in Scheepermoor geschrumpft, denn natürlich gab es auch im Norden Deutschlands wachsende Sympathien für die neue Kraft der Nationalsozialisten. Im Zuge der rasend schnell durchgeführten Gleichschaltung wurden sowohl Detlef als Bürgermeister, als auch Dörte als Gemeinderatsmitglied ihrer Ämter enthoben und durch Mitglieder der nationalsozialistischen Partei ersetzt. Beide wurden zu Verhören einbestellt.

In Dörtes Fall spielte vor allem die jüdische Herkunft ihrer Mutter eine Rolle. Dorothea selbst wurde nicht mehr belästigt, da sie inzwischen 65 Jahre alt war. Sie war in dem Moment froh, dass ihre Eltern inzwischen schon verstorben waren. Dörte hatte lediglich einen konvertierten Urgroßvater als Vorfahren und fiel damit nicht mehr unter die diskriminierende Gesetzgebung. Ihr wurde allerdings jedwede weitere politische Aktivität strikt verboten. Da sowieso der Zeitpunkt gekommen war, den Hof von den Eltern zu übernehmen, zog sich Dörte auf das Schölermannsche Anwesen zurück und stieg dort wieder voll in die Landwirtschaft ein.

Detlev kam nicht so einfach davon. Nach einem ungemütlichen Verhör bei der Gestapo wurde er zusammen mit vielen anderen Sozialdemokraten in das KZ Börgermoor im Emsland verfrachtet. Dort musste er Zwangsarbeit leisten, mit dem Spaten Torf stechen und wurde „umerzogen" durch Erniedrigungen und Schläge. Als er nach fast einem halben Jahr zurückkehrte, war er verpflichtet worden, in der Öffentlichkeit nichts über die Zeit im KZ zu berichten und keinerlei politische Äußerungen mehr zu machen. Tatsächlich hatten die Nazis Detlef Angst, ja Todesangst gemacht. Er zweifelte nicht daran, dass sie auch zu schärferen Maßnahmen greifen würden. Und so waren Dörte und seine Kinder die einzigen, denen er von den Monaten in Börgermoor berichtete und von den unmenschlichen Methoden der braunen Schergen dort. Allerdings hörte man ihn bei der Arbeit immer wieder ein Lied summen, das er aus Börgermoor mitgebracht hatte – „Wir sind die Moorsoldaten und ziehen mit dem Spaten ins Moor…". Und gebrochen hatte man ihn nicht. Er war überzeugt, dass diese Schreckenszeit vorübergehen würde, konnte aber anfangs nicht einschätzen, wie lange das dauern würde und dass ein 2. Weltkrieg notwendig wurde, um es zu beenden.

Auch Detlef zog sich also auf den Schölermannhof zurück und wurde unter Dörtes Anleitung in den nächsten zwölf Jahren, die sich wie tausend anfühlten, zu einem brauchbaren Landwirt. Als Lehrer durfte er natürlich nicht mehr arbeiten, weil er sich standfest weigerte Mitglied der NSDAP zu werden. Innerhalb der Familie war die politische Haltung aber eindeutig gegen den Nationalsozialismus gerichtet und die Auswirkungen des Faschismus wurden kritisch beobachtet und begleitet. Nach außen blieben Ondukats unauffällig, schon mit Rücksicht auf ihre Kinder und deren Ausbildungsmöglichkeiten. Otto studierte Agrarwissenschaften. Er wollte dem Wunsch seines Großvaters entsprechen und nach Dörte den Hof weiterführen. Wolf begann das Studium für das Lehramt und schlug damit mehr nach dem Vater, der sich darüber freute und misstrauisch auf den Lehrplan schaute und mit seinem Sohn über nationalsozialistische Einflüsse darin diskutierte. Detlef und Dörte registrierten auch genau, wer aus der Dorfgemeinschaft die Gunst der Stunde nutzte und Ämter in

Rat und Partei übernahm. Immerhin gab es keine Familien mit jüdischen Wurzeln im Dorf, so dass niemand verfolgt wurde und es keine Gewissensentscheidungen in dieser Hinsicht gab. Aber Ondukats fühlten sich auf dem eigenen Land wie im Exil, wie auf einer Insel in aufgewühlter See und das alltägliche Leben war immer auch verdunkelt durch die nationalsozialistische Entwicklung in Deutschland.

Günter Schölermann starb 1935, nachdem er den Studienabschluss seines Enkels noch erlebt hatte und die Fortführung des Hofes als Familienbetrieb als gesichert ansah. Auch Dorothea hatte sich aufs Altenteil zurückgezogen und starb drei Jahre später, noch ein Jahr vor Beginn des Krieges.

Beide Söhne wurden erst relativ spät zum Kriegsdienst eingezogen, zu Beginn des Russlandfeldzugs 1941. Otto kehrte schon 1942 zurück, allerdings schwer verwundet durch einen Flammenwerferangriff. Einen völlig vernarbten Rücken behielt er lebenslang zurück, der ihn jedoch nicht von der Arbeit auf dem Hof zurückhielt. Wolf überlebte drei Jahre Ostfront, geriet aber 1944 während des Rückzugs der deutschen Armee in russische Kriegsgefangenschaft. Er wurde in ein sibirisches Gulag verfrachtet und musste dort jahrelang Siedlungshäuser mauern mit vielen anderen deutschen Kriegsgefangenen, von denen viele nicht überlebten. Er kehrte erst 1954 nach Scheepermoor zurück, schon 38 Jahre alt, völlig abgemagert und sehr schweigsam. Er nahm sein Lehramtsstudium wieder auf und schloss es 1955 mit dem Examen ab. Er bekam schnell eine Stelle als Lehrer in der Kreisstadt, denn Lehrer waren rar nach Kriegsende und die Schülerzahlen stiegen wieder an. Er heiratete schnell, schon 1956, seine Kollegin Miriam Lutter.

Otto war in den ersten Jahren nach seiner Rückkehr traumatisiert. Er arbeitete zwar so gut es ging auf dem Hof, aber er war wortkarg und sprach insbesondere nicht über seine Kriegserlebnisse. Erst die Begegnung mit Freya Schlüter löste sein Kriegstrauma. Freya hatte die Apotheke ihrer Großmutter übernommen. Als es Dörte schwerfiel, den zerschundenen Rücken ihres Sohnes zu pflegen, hatte die Apothekerin es selbst übernommen, den Sohn der Freundin ihrer Mutter fachgerecht einzucremen und zu behandeln. Aus dieser beruflichen Begegnung wurde im Laufe der Zeit mehr und schließlich wurden Otto und Freya ein Paar. Ottos Eltern waren über diese Entwicklung sehr glücklich und wieder einmal sah der Scheepermoorer Hof eine große Dorfhochzeit, an der ganz Scheepermoor beteiligt war.

Scheepermoor II

Scheepermoor hatte sich verändert. Besonders zwischen den Kriegen wuchs der Ort an Umfang, aber auch an Bedeutung zum Beispiel gegenüber der sehr provinziell gebliebenen Kreisstadt. Die Straße zum Bahnhof war ausgebaut worden und jetzt an beiden Seiten mit hübschen Häusern gesäumt. Auch entlang der Verbindungsstraßen zu den benachbarten Kreisstädten war die Besiedlung vorangekommen. Die Chaussee war erst Reichsstraße und nach dem Krieg Bundesstraße geworden und asphaltiert und beidseitig mit Bürgersteigen versehen. Dafür hatte manch alte Eiche weichen müssen. Das Rathaus war in einem schmucken renovierten Fachwerkhaus untergebracht worden, das ehemals ein Bauernhaus war. Dem Landwirt war es allerdings zu eng geworden im Ort. Er hatte nicht nur sein Haus, sondern auch einiges Bauland verkauft und von dem Erlös einen ganz neuen Hof etwas außerhalb Scheepermoors gebaut, näher an seinen Ländereien. Eine Sparkasse hatte in der Nähe des Rathauses eröffnet, eine Gerberei hatte sich angesiedelt und wurde nun etwas ängstlich beäugt, weil kein Abwasser in den kleinen Fluss Lumme gelangen und das Vieh auf den Flusswiesen ungefährdet saufen können sollte. Ähnlich kritisch wurden die Abwässer der Blaudruckerei beobachtet, die allerdings andererseits wegen ihrer schönen Schürzen, Tischdecken und auch Arbeitskleidung sehr beliebt war. Die Schürzen wurden sogar in die Tracht des Dorfes mit einbezogen. Der Scheepermoorer Hof war nicht nur weiter kultureller Mittelpunkt des Ortes, in dem alle großen Bälle stattfanden, er war auch ein beliebter Ausflugsort geworden, besonders im Sommer, wenn im Garten Sonnenschirme aufgestellt und Kaffee und Kuchen im Freien serviert wurden. Der Dorfkrug hieß nun Heidegästehaus und hatte seinen Bestand an Hotelbetten ausgebaut. Auch eine dritte Kneipe war eröffnet worden, weiter weg vom Ortskern Richtung Kreisstadt. Die Schule war in einem neuen großen Gebäude untergebracht, das auch schon bald wieder zu klein zu werden drohte, denn Scheepermoor wuchs auch an Bevölkerung, inzwischen lebten fast viertausend Menschen hier und Westerode und Ostdorf waren inzwischen eingemeindet worden. Auch eine elektrische Straßenbeleuchtung wurde nach und nach entlang der Straßenzüge installiert. Der Gemeinderat investierte klug in eine vermeintlich erfolgreiche Entwicklung in der Zukunft.

Agnes II

Der 1. Weltkrieg machte das Leben als Künstlerin nicht einfacher. Sicher blieb das Bedürfnis nach Unterhaltung, aber das Publikum hatte andere Sorgen. Die Männer waren im Krieg, die Frauen kümmerten sich um die Familien, die Versorgung wurde immer schwieriger. Zerline und Grete überzeugten Agnes davon, dass es in Berlin zumindest leichter sein würde, Arbeit zu bekommen als in Hamburg. Und so verbrachte Agnes die Kriegsjahre in Berlin. Inzwischen war sie so bekannt und auch so gut, dass sie nie ohne Angebote dastand.

Auch nach dem Krieg blieb sie in der Hauptstadt. Das öffentliche Leben erholte sich, die zwanziger Jahre erfuhren einen Boom der Unterhaltungsindustrie. Musik und Tanz erlebten eine Form der Freizügigkeit wie nie zuvor.

Agnes profitierte davon in zahlreichen Operetten. Sie war anerkannt und wurde gerne besetzt, denn sie sah mit Mitte dreißig noch jung und attraktiv aus. In dieser Zeit experimentierte sie auch mit Soloauftritten und einem Chanson-Programm. Es hatte einigen Erfolg, aber ihr blieb neben der Arbeit auf der Operettenbühne wenig Zeit dafür, diese Seite ihrer Fähigkeiten auszubauen.

Grete hatte eine kurze Zeit als Filmschauspielerin gearbeitet, dann aber 1923 geheiratet und sich leider dafür entschlossen, sich nur noch um Mann und Kinder zu kümmern und nicht mehr auf der Bühne zu stehen. Zerline hatte inzwischen ihre Karriere beendet. Sie blieb mit Agnes befreundet und die Freundinnen besuchten sich häufig. Aber eine enge Vertraute in ihrer näheren Umgebung hatte Agnes nicht mehr. Immer wieder gab es Frauen, die ihr nahe kamen und sie verbrachte schlaflose Nächte damit, ob sie sich ihnen gegenüber äußern, ihre Verliebtheit gestehen sollte. Sie meinte oft, Kolleginnen beobachtet zu haben, die sich über freundschaftliche Berührungen hinaus begegneten und versuchte sich einzureden, dass das doch auch ihr möglich sein sollte. Die Zeiten waren locker, es gab durchaus auch Frauen, die ihre Neigung zum eigenen Geschlecht relativ offen lebten. Aber das Gespräch mit ihrer Mutter wirkte nach und Agnes war nie mutig genug, einen ersten Schritt auf eine liebgewordene Kollegin zu zu machen. Und sie wurde auch selbst nie offen angesprochen, wenn sich die Blicke kreuzten und Hoffnung aufkeimte. Darauf wartete sie vergeblich und schließlich gar nicht mehr. Sie war überzeugt davon ihr Leben ohne Partnerin verbringen zu müssen.

Die zwanziger Jahre wurden abgelöst von den Dreißigern. Die Femme fatal der zwanziger wurde wieder zum Leben als Ehefrau und Muttertier gezwungen. Das kulturelle Leben wurde braun eingefärbt. Es gab immer noch neue Operetten, aber es wurde eben auch die Wagner-Oper wieder hervorgekramt. Und Oper war nicht Agnes' Metier.

Agnes ging inzwischen auf die fünfzig zu und es wurde schwieriger für sie, gute Rollen zu bekommen. Sie sah immer noch gut aus für ihr Alter und ihre Stimme war nach wie vor klar und stark, aber sie musste sich doch Gedanken um die Zukunft machen. Deshalb hatte sie nichts dagegen, als ihr Agent, Heinz Huber, in dessen unaufgeräumten Büro sie auf einem roten Plüschsessel saß, ihr einen Vorschlag machte.

„Du hast doch vor Jahren auch diese Chanson-Programme gemacht. Was hältst du davon, wenn wir uns in diese Richtung orientieren?"

„Das hat mir damals viel Spaß gemacht", stieg Agnes auf den Vorschlag ein. „Ich glaube auch, dass die Lieder beim Publikum gut ankamen. Ich suche gleich mal in meinen Noten."

„Aber nur die Wiederholung reicht nicht aus", meinte Heinz und goss sich noch einen Whiskey ein. Er war sich nicht sicher gewesen, ob Agnes mitmachen würde, breitete ihr aber jetzt die Ideen aus, über die er im Vorfeld schon mal nachgedacht hatte.

„Ich kenne ein paar ganz begabte Texter und Komponisten. Die sollen dir was Neues auf den Leib schreiben. Und dann machen wir eine Platte."

„Hast du einen guten Pianisten an der Hand, mit dem ich zusammen arbeiten kann?"

„Na klar, aber wenn alles gut geht, stellen wir ein kleines Orchester zusammen und gehen auf eine Tournee."

Heinz war ganz enthusiastisch und steckte Agnes mit seiner Aufregung an. Es kostete ein paar Monate Vorbereitung, aber dann organisierte er die Studioaufnahmen mit einer guten Mischung aus bekannten, aber auch neuen Chansons. Einige wurden von einer professionellen Band begleitet, andere aber auch ganz intim nur mit Piano.

Es war Ende 1938. Die Kulturszene war durch die Nationalsozialisten jetzt völlig gleichgeschaltet. Agnes hatte dadurch bisher keinerlei Schwierigkeiten erfahren. Sie war blond und blauäugig und so populär, dass es keinen Grund für irgendwelche Schwierigkeiten gab. Sie war aber auch nicht wirklich an der Politik interessiert und äußerte sich nur vage, wenn es zum Beispiel im Gespräch unter den Sängerinnen darum ging, dass alle jüdischen Kollegen aus der aktiven Arbeit verschwunden waren.

Als die Schallplatte dann im Frühjahr 1939 herauskam, lief der Verkauf zunächst schleppend an, obwohl Heinz für Agnes auch einige Konzerte organisieren konnte, die gut besucht waren und nach denen Agnes Applaus und Zuspruch vom Publikum bekam. Allerdings wurden einige der Chansons auch wiederholt im Radio gespielt, dafür sorgte der findige Agent schon, und Hörer besonders in Berlin, aber auch in Hamburg schrieben an die entsprechenden Sender und baten um Wiederholung. Die neuen Medien, Film, Schallplatte und Radio boten Künstlern ganz andere Möglichkeiten der Verbreitung ihrer Musik.

Nach Kriegsausbruch gehörte Agnes' Chanson „Komm zurück" zu den Liedern, die die Soldaten in der Etappe besonders gerne hörten und immer wieder forderten. Erfolg ist häufig durch die Platzierung am richtigen Ort zur rechten Zeit beeinflusst. Und obwohl ein Krieg eigentlich keine gute Grundlage dafür ist, war Agnes doch glücklich, dass ihre Karriere nun eine neue erfolgreiche Richtung nahm.

Eine Folge von Agnes' neuer Popularität war, dass sie einen Brief des Leiters der Reichsmusikkammer, Peter Raabe, erhielt. Die Kammer sei sehr daran interessiert, Frau Büttner zu fördern, da ihr Gesang die Begeisterung der im Krieg dienenden Soldaten fördere und damit kriegswichtig sei. Agnes wurde in die Reichsmusikkammer in Berlin eingeladen.

Agnes fuhr mit sehr gemischten Gefühlen zu dem großen Gebäude in der Bernburger Straße. Über etliche Treppen und Gänge führte sei ein junger Mann, der sich als Sekretär des Reichsmusikkammerpräsidenten vorgestellt hatte, in ein großes Büro mit bequemen, dunkelbraunen Ledermöbeln und einem riesigen Eichenholzschreibtisch. Drei Herren erhoben sich aus den Sesseln, als sie eintraten. Es waren der Kammerpräsident, Peter Raabe, ein bekannter Dirigent, sein Stellvertreter, der Komponist Paul Graener und Alfred Morgenroth, der Direktor der Kulturabteilung. Etwas eingeschüchtert nahm Agnes auf einem der schweren Sessel Platz und nippte erst einmal an dem Kaffee, den ihr der eifrige Assistent eingeschenkt hatte.

„Frau Büttner", begann der Präsident das Gespräch, „wie schön, dass wir uns einmal persönlich kennenlernen. Ich bin in einigen ihrer Operettenaufführungen gewesen und habe sie sehr bewundert. Und nun haben sie diese wundervolle Chanson-Platte besungen. Leider hatte ich noch keine Gelegenheit, einmal in ihre Vorstellung zu kommen. Aber das wird sich ja jetzt vielleicht ändern."

Artig bedankte sich Agnes für die Komplimente. Ihr war aber immer noch nicht klar, warum sie eingeladen war, oder vorgeladen?

„Wir wollen sie auch nicht länger im Ungewissen lassen, warum sie heute hier sind", übernahm Alfred Morgenroth das Gespräch. „Sie haben ja sicher schon erfahren, dass der große Erfolg ihres Liedes „Komm zurück" auch darauf zurückzuführen ist, dass unsere tapferen Soldaten in Kampfpausen es besonders gerne hören. Der Inhalt ist ja auch wirklich sehr passend, wir alle hoffen, dass die Jungs, die wir in den Kampfeinsatz schicken müssen, unbeschadet wieder zurück kommen in die Heimat. Wir, das heißt die Kulturabteilung der Reichsmusikkammer, sind gerade dabei ein Konzept zu entwickeln, wie wir unsere Soldaten motivieren und bei Laune halten können. Dazu sollen auch Konzerte und andere Veranstaltungen gehören, die in der Etappe, also hinter den Frontlinien oder in Lazaretten stattfinden sollen."

„Und da kommen sie nun ins Spiel", übernahm wieder Raabe. „Können sie sich vorstellen, eine solche Aufgabe zu übernehmen? Es würde bedeuten, dass sie viel reisen müssten. Aber soweit ich weiß, sind sie ja familiär ungebunden und auch langfristige Verträge sind wohl derzeit nicht vorgesehen. Ihrer Popularität würde eine solche Aufgabe sicher nicht schaden und eine ordentliche Vergütung ist dafür auch vorgesehen."

Während Agnes noch darüber nachdachte, woher Herr Raabe die Informationen über sie hatte, fragte sie sich, ob sie das Angebot überhaupt ablehnen konnte. Welche Gründe sollte sie dagegen anführen, die nachträglich sich nicht als schädlich erweisen könnten?

„Ich fühle mich geehrt", begann sie also ihre Antwort, „und ich muss natürlich noch mit meinem Agenten sprechen, aber grundsätzlich sage ich zunächst erst mal nicht nein. Aber dafür wird doch sicherlich noch eine Menge Vorbereitungen nötig sein."

„Darüber machen sie sich mal keine Sorgen", fiel nun auch der Stellvertreter des Präsidenten, Paul Graener, ein, „unsere Möglichkeiten stehen ihnen natürlich voll zur Verfügung und das sind nicht wenige. Komponisten und Texter und Begleitmusiker gibt es genug. Und wir würden für sie natürlich nur die Besten vorschlagen."

Agnes fühlte sich überrumpelt und hilflos. Sie hatte nie geplant, ihre geliebte Arbeit in den Dienst eines Staatsapparates zu stellen, der ihr nicht ganz geheuer war. Aber die Falle war längst zugeschnappt.

In den nächsten Wochen studierte sie also ein erweitertes Programm ein. Heinz Huber war als Agent übrigens Feuer und Flamme für das Projekt Truppenbetreuung. Graener hatte nicht zu viel versprochen. Die Chansons, die Agnes vorgelegt wurden, waren wirklich von guter Qualität, deshalb behielt Agnes Heinz gegenüber ihre Bedenken auch für sich. Auch die Begleitmusiker waren Vollprofis wie sie selbst, sodass sie nach und nach sogar auch Vergnügen an der neuen Aufgabe hatte.

Im Mai 1940 gab es ein erstes Konzert in Berlin vor Soldaten auf Heimaturlaub und Verletzten aus den Lazaretten der Stadt. Neben den Gesangsdarbietungen von Agnes und noch einigen anderen Sängern gab es auch Akrobatik und Sketche, ein buntes Unterhaltungsprogramm eben. Es wurde frenetisch von dem Publikum angenommen, das lange keinen Spaß mehr hatte und haben würde, wenn es wieder hinaus an die Front müsste. Und es war auch eindeutig spürbar, dass Agnes' Auftritt am meisten gefeiert wurde. Als sie zum Abschluss ihren Erfolgssong „Komm zurück" sang, gab es standing ovations und sie musste ihn als Zugabe noch einmal wiederholen.

Die nächsten Jahre waren eine einzige Rundreise durch die Orte, die der Krieg erreicht hatte. Zunächst führte er sie nach Paris und Rom, aber auch nach Kopenhagen und Prag. Und sie genoss die Atmosphäre der großen europäischen Hauptstädte. Auch der Erfolg und die Aufmerksamkeit, die ihr als Künstlerin über 50 zuflossen, taten ihr natürlich gut. Zudem verdiente sie gut. Die Gage floss auf ihr Berliner Konto und mehrte sich dort, denn sie selbst gab wenig aus. Die Fahrtkosten, die Unterbringung und die Mahlzeiten wurden von der Reichsmusikkammer finanziert. Agnes leistete sich höchstens mal ein teures Kleid in Paris oder einen Pelzmantel in Prag. Es ging ihr gut. Und nach einigen Jahren kaufte sie sich eine kleine Villa im Berliner Grunewald, wo sie wohnte, wenn es sie wieder einmal nach Berlin verschlug, wenn sie nach Hause kam.

Bei der Auswahl der Chansons war Agnes sehr darum bemüht, über neutrale Themen zu singen, Heimweh und Liebe, Treue und Sehnsucht, die natürlich die Gefühle der Hörer erreichten, auch und besonders in der Kriegssituation, aber nicht etwa zu Tapferkeit oder Durchhalteappellen aufriefen. In der Reichskulturkammer gab man sich zufrieden mit ihrer Chansonzusammenstellung und beglückwünschte sich für ihre Auswahl, denn mit ihrer positiven Wirkung auf Streitkräfte und Heimat gleichermaßen wirkte sie beruhigend. Nach Beginn der Bombardements auf Großstädte verschlechterte sich die Stimmung im Land nämlich merklich. Agnes war einerseits noch sehr attraktiv für ihr Alter, andererseits hätte sie für die meisten der Landser ihre Mutter sein können. Genau diese Mischung machte ihre Ausstrahlung aus.

Als sie für einige Wochen wieder einmal in Berlin war, wurden ihr einige neue Chansons vorgelegt, bei denen sie zwei oder drei ablehnte. Sie gefielen ihr musikalisch nicht und auch die Texte klangen allzu plakativ nach Durchhalteparolen und Heldenepos. Nach dem Konzertabend Silvester 1944 kehrte sie in ihre Garderobe zurück und sah sofort den großen Rosenstrauß vor ihrem Schminkspiegel. Das war ihr lange nicht passiert und erinnerte sie an den Anfang ihrer Karriere, als sie manchen männlichen Verehrer abwimmeln musste.

Nur wenig später klopfte es an ihrer Tür und herein kam Alfred Morgentoth. Sie waren sich in den vergangenen Jahren hin und wieder bei Gala-Abenden begegnet, ansonsten aber nicht nahe gekommen. Nun kam er herein, überschüttete Agnes mit schleimigen Komplimenten und beglückwünschte sie für ihre Erfolge allgemein und das vorangegangene Konzert. Dann kam er auf sein eigentliches Anliegen.

„Liebe Frau Büttner, mir ist zu Ohren gekommen, dass sie drei von den von uns vorgelegten Chansons zurückgeschickt haben und sie nicht berücksichtigen wollen. Was gefällt ihnen denn daran nicht?“

Agnes war hellwach. In der Tat hatte sie das bisher noch nie getan. Zum einen hatte sie inzwischen ein großes Repertoire, aus dem sie schöpfen konnte und brauchte eigentlich keine neuen Lieder, andererseits hatten die Autoren bisher auch nie solche platten Kriegserfolgssongs geliefert. Wahrscheinlich wurden auch sie dazu gezwungen, jetzt, wo sich sämtliche Fronten auf dem „geordneten" Rückzug befanden. Aber diese Gedanken konnte sie natürlich nicht offen aussprechen, soweit hatte sie ihre Lage und Position schon verstanden.

„Lieber Herr Morgenroth, haben sie sich die Chansons mal angehört? Musikalisch bleiben sie bei weitem nicht auf dem Niveau meines bisherigen Repertoires und das allein hat mich dazu bewogen, sie nicht einzustudieren. Uns ist doch allen daran gelegen, dass unsere Programme so erfolgreich bleiben wie bisher, nicht?"

„Nun ja, wenn sie das sagen", gab Morgenroth schnell nach, „ dann wollen wir mal ihrer Erfahrung vertrauen. Ich hoffe aber, dass das nicht wieder geschehen muss." Agnes hörte durchaus die leise Drohung, die hinter dem letzten Satz versteckt war.

„Wie ist es?", lenkte Morgenroth selber vom Thema weg. „Wollen wir nicht gemeinsam ihren Erfolg feiern und noch etwas trinken gehen?"

Alfred Morgenroth war nur wenige Jahre jünger als Agnes und seit zwei Jahren Witwer. Sie hatte immer wieder mal davon flüstern hören, dass er als Schürzenjäger bekannt war und sich gerne an die Künstlerinnen heranmachte, die er betreute. Jetzt steckte Agnes in der Klemme. Auf keinen Fall wollte sie mit ihm allein bleiben und in eine Situation geraten, die sie nicht mehr kontrollieren konnte. Ihr grauste geradezu vor der Vorstellung. Aber sie konnte ihn natürlich auch nicht verprellen, wo er doch offensichtlich milde mit ihr verfahren war hinsichtlich der Chansons. Er hätte auch viel strenger darauf bestehen können, dass sie das zu singen hatte, was die Reichsmusikkammer ihr vorlegte.

In diesem Augenblick öffnete sich die Garderobentür heftig und herein flatterte Clara Krause, unablässig plappernd, dass man mit der Truppe unbedingt noch losziehen müsste. Dabei bemerkte sie Morgenroth wie beiläufig und bezog ihn völlig unschuldig mit ein.

„Ach, du hast Besuch. Entschuldige. Aber wir können doch den Herrn einfach mitnehmen. Wie wär's, mein Herr?" Sie klimperte dabei übertrieben mit ihren künstlichen Wimpern.

Morgenroth hatte sich den Abend sicherlich anders vorgestellt und zögerte nun mit einer Antwort. Schließlich hatte er einen Entschluss gefasst.

„Ich danke ihnen für die freundliche Einladung, aber ich habe leider noch Verpflichtungen. Ich wünsche den Damen viel Vergnügen. Auf Wiedersehen." Dann verzog er sich aus der Garderobe.

Agnes sackte erleichtert auf ihrem Stuhl zusammen und löste ihre verkrampften Hände, die sich an ein zerknittertes Abschminktuch klammerten.

Clara Krause war erst vor einigen Wochen zum Ensemble gestoßen. Agnes, Clara und eine Tanzmusikband, die „Bunten Jungs", besuchten Lazarette an der Ostseeküste, in Rostock, auf Rügen und kamen dann zu der großen Silvester-Gala zum Jahreswechsel 1945 nach Berlin. Agnes sang und Clara, gelernte Schauspielerin, brachte die verwundeten Soldaten mit Witzen und Sketchen zum Lachen. Das war bei der aktuellen Kriegslage gar nicht mehr so leicht. Einige Szenen hatten die beiden Frauen auch gemeinsam einstudiert und kamen sehr gut an damit. Clara spielte auch ganz passabel Klavier und stellte sich als gute Begleiterin heraus.

Agnes war schon lange keiner Frau mehr so nahe gewesen wie Clara. Sie musste sich ehrlicherweise eingestehen, dass sie sich in die junge Frau verliebt hatte. Das war ihr schon lange nicht mehr so tiefgehend passiert. Clara war fast zwanzig Jahre jünger als Agnes. Sie war schlank und quirlig, hatte ein Berliner Mundwerk, das fast nie stillstand und ihre grünen Augen funkelten unter ihrem roten Ponyhaarschnitt hervor, so dass Agnes fast den Blick nicht von ihr wenden konnte. Sie meinte auch zu spüren, dass Clara ihr zugetan war, aber ihr einstudiertes Abstandhalterverhalten, das sie nach dem nie vergessenen Gespräch mit ihrer Mutter verinnerlicht hatte, ließ nichts weiter entstehen.

Jetzt war Clara die Retterin in der Not gewesen und Agnes strahlte sie dankbar an.

Clara setzte sich zu ihr und nahm sie behutsam in den Arm.

„Du zitterst ja. Was wollte der Schleimer denn von dir?"

„Kennst du ihn nicht. Das war Alfred Morgenroth, der Direktor der Kulturabteilung der Reichsmusikkammer."

„Du kennst ja Leute, hör mal. Und was hatte der mit dir vor?"

„Eigentlich wollte er mir sagen, dass ich nicht so einfach vorgeschlagene Chansons ablehnen könne, das habe ich nämlich getan. Aber dann wollte er den Vorgang wohl vergessen, wenn ich mit ihm ausgehe."

„Und das ist wohl nicht dein Ding, was?" Clara sah Agnes direkt in die Augen.

„Es ist doch verwunderlich, dass eine so schöne und erfolgreiche Frau wie du keinen Mann, keine Familie hat."

„Es hat sich einfach nie ergeben. Ich habe eben viel gearbeitet", versuchte Agnes auszuweichen, denn sie spürte ganz genau, dass Clara sie durchschaut hatte. Sie spürte die Schweißtropfen, die ihr zwischen den Schulterblättern den Rücken hinunterrannen. Und Clara saß ganz dicht bei ihr und hielt sie immer noch bei der Hand.

„Ich möchte dir etwas von mir erzählen", fuhr Clara fort. „Ich bin ja nun auch schon über dreißig und wenn ich Kinder haben wollte, wäre es an der Zeit, mir einen Mann zu angeln. Ich glaube, ich gebe nicht an, wenn ich behaupte, dass mir das ein Leichtes wäre."

Agnes musste unwillkürlich lachen und Clara fiel darin ein mit ihrer glockenhellen Lache, die auch so ansteckend auf die jungen Soldaten wirkte in ihren Sketchen.

„Aber", redete Clara weiter, „ich will das gar nicht, genauer gesagt, das ist mir nicht möglich, weil ich keine Männer mag – ich liebe Frauen."

Agnes war verblüfft. Wie leicht es dieser jungen Frau fiel etwas auszusprechen, was sie sich ein Leben lang auszusprechen verboten hatte. Ihre Wangen brannten.

„Ich…, ich", begann sie zu stottern.

„Ganz ruhig", griff Clara ein, „lass mich weiter sprechen. Ich habe das schon immer gewusst und ich habe es auch ausgelebt, soweit das möglich war. Es gibt viele von uns, gerade in der Theaterszene, glaub mir."

Agnes atmete jetzt ruhig und hörte ihr zu. Es überkam sie ein seltsames Gefühl der Geborgenheit und ein warmes Glücksgefühl durchfuhr sie. Sollte das doch noch Wirklichkeit werden, eine Lebenspartnerin für sie?

Agnes redete weiter, wie immer ungebremst.

„Ich habe schon einige Freundinnen gehabt. Die meisten waren jünger als ich. Bevor ich hier angeheuert habe, habe ich mich gerade von einer zwanzigjährigen Schauspielerkollegin getrennt. Sie war einfach zu nervig. Ich habe das nicht mehr ausgehalten. Ich habe festgestellt, dass ich auf reife Frauen stehe. Und ich habe mich gleich in dich verliebt, als ich dich kennengelernt habe. Es war auch kein Zufall, dass ich in die Garderobe geplatzt bin. Ich konnte mir einfach nicht vorstellen, dass du etwas mit einem Mann anfangen könntest."

Agnes Kopf sank auf Claras Schulter. Tränen rannen über ihre Wangen und tiefe Seufzer drangen aus ihrem Inneren, bevor sie wieder sprechen konnte.

„Ich weiß natürlich auch, dass ich Frauen mehr liebe als Männer. Aber meine Mutter hat vor vielen Jahrzehnten, als ich ihr das gebeichtet habe, eindringlich auf mich eingeredet, dass ich das niemals zeigen dürfte, dass das verboten sei und ich in Teufels Küche käme, wenn ich dem nachgeben würde. Und mit der Zeit verdrängt man seine Bedürfnisse und hält das für völlig normal."

Agnes liefen immer noch die Tränen über die Wangen. So viele Jahre hatte sie sich beherrscht und zurückgehalten, hatte ihre Gefühle nicht gezeigt, im stillen Kämmerlein geweint über entgangene Möglichkeiten. Nun musste sie eine ältere Frau werden, bevor sie erlöst wurde von einer jungen Fee. Clara nahm sie in die Arme, tröstete sie und küsste sie sanft. Und Agnes ergab sich zum ersten Mal ihren Gefühlen und erwiderte die Küsse.

Später fuhren sie zu Agnes' Villa im Grunewald. Es war ein schönes Haus und nicht zu klein, mit einem hübschen Garten hinter dem Gebäude. Nachdem 1942 kurz hintereinander ihre beiden Eltern gestorben waren, hatte Agnes die Brücken nach Scheepermoor endgültig abgebrochen und ihr Elternhaus verkauft. Der Verkaufserlös ging ein in den Erwerb dieses Hauses, dass sie sich in der Form allein von ihrer Gage denn doch nicht hätte leisten können.

In dieser Nacht zeigte Clara Agnes, was sie kennenzulernen sich bisher versagt hatte. Lachen und Weinen lösten sich ab, Emotionen überschwemmten Agnes. Als sie am folgenden Morgen von winterlichen Sonnenstrahlen und dem Geruch frisch aufgebrühten Kaffees erwachte, den Clara ihr ans Bett brachte, war sie die glücklichste Frau in diesem geplagten Land, ach, auf der ganzen Welt.

Wenige Wochen später zog Clara aus der Pension, in der sie in der Stadt untergebracht war, zu Agnes. Beide waren sehr glücklich in dieser Beziehung und hatten Mühe ihre Gefühle zu verstecken bei der Arbeit und gegenüber Bekannten. Sie meinten aber dies geschafft zu haben, da sie ohnehin auch vorher schon einen sehr lockeren Umgang miteinander pflegten.

Ende März 1945 ging dennoch ein anonymer Brief bei der Reichskulturkammer ein, der die beiden Frauen einer unschicklichen Beziehung bezichtigte. Sowohl Agnes als auch Clara erhielten Vorladungen und mussten sich für getrennte Verhöre bei ihren jeweiligen Abteilungen, Reichsmusikkammer und Reichstheaterkammer, einfinden, in denen sie ihr Zusammenwohnen abgesprochener Weise mit der großen Wohnungsnot im zerbombten Berlin begründeten.

Die Pension, in der Clara zuvor logierte, war inzwischen bei einem Bombenangriff getroffen worden und abgebrannt. Clara konnte deshalb von ihrem großen Glück sprechen, dort nicht mehr gewohnt zu haben und produzierte sogar ein paar Tränen dabei, dass sie nur kurz zuvor großzügigerweise zu ihrer Kollegin und Freundin hatte ziehen dürfen.

Dass sie mit Frau Büttner so vertraut sei, hätte sich durch die intensive Zusammenarbeit gerade bei den Veranstaltungen im Auftrag der Reichskulturkammer ergeben. Ansonsten hätten sie lediglich eine freundschaftliche und keine darüber hinaus gehende Beziehung.

Auch Agnes brachte ihr ganzes schauspielerisches Können auf, um im Gespräch ausgerechnet mit Alfred Morgenroth selbst die „Geschichte“ herunterzuspielen und als Neidattacke einer feigen Kollegin darzustellen.

Die Beratungen über den Fall hatten zum Glück jetzt im Vergleich zum „Endsieg“ keinen hohen Stellenwert, so dass die Frauen bis zum Kriegsende nichts mehr von den Behörden hörten.

Felicitas III

Das Jahr 1933 war ereignisreich. Die Machtergreifung der Nationalsozialisten ging auch an den Apothekern nicht spurlos vorbei. Die „Unterwerfung der Wissenschaften unter die nationalsozialistischen Ideale“ galt auch für diesen naturwissenschaftlichen Zweig. Schon im April trat der gesamte Vorstand des „Deutschen Apotheker-Vereins“ zurück. Aus ihm ging 1934 die „Deutsche Apothekerschaft“ hervor, bei der die Mitgliedschaft vorläufig noch freiwillig war. Ab 1937 wurden alle Apotheker gezwungen Mitglied in der „Reichsapothekerkammer“ zu werden.

1933 war aber auch das Jahr, in dem Freya ihr Pharmazie-Studium beginnen konnte, inzwischen nach nur einem praktischen Jahr, aber dafür mit sechs Semestern an der Universität.

Freyas Großvater Moritz in Scheepermoor erlebte diesen Tag nicht mehr. Die Auflösung des Apotheker-Vereins hatte ihn sehr aufgeregt und die neuen Herren in der Reichsregierung waren ihm äußerst suspekt. Am 1. Mai sackte er am Frühstückstisch zusammen und fiel mit dem Gesicht in seinen Buttertoast. Er überlebte den Herzinfarkt nicht. Bei der großen Beerdigung bei strahlendem Sonnenschein auf dem Scheepermoorer Friedhof nahm Mutter Margarete ihre Tochter Felicitas, die nach vielen Jahren nun gezwungen war doch wieder einmal in ihre alte Heimat zu fahren, beiseite und bat sie inständig, die väterliche Apotheke zu übernehmen und zurückzukehren.

„Du weißt, dass dein Vater das immer wollte. Die Apotheke muss in der Hand der Familie bleiben. Und für Freya kann ich mir auch gut vorstellen, dass sie mal aus der Großstadt rauskommt, jetzt wo die Straßen so unsicher geworden sind."

Aber Felicitas hatte keinen Gedanken an eine solche Entwicklung verschwendet. Sie wollte nicht fort aus der Großstadt, sie wollte keineswegs ihre Lebensweise ändern und vor der dörflichen Provinz mit ihrer Enge und den moralischen Zwängen fürchtete sie sich geradezu.

„Wie hast du dir das vorgestellt, Mutter? Unser Geschäft in Hamburg muss doch auch weitergeführt werden. Ich will da nicht mehr weg und schon gar nicht in dieses Nest. Verkauf die Apotheke, komm zu uns nach Hamburg. Was hält dich hier noch?"

Aber Margarete Becker war verwurzelt in Scheepermoor. Sie hatte Freundinnen hier, einige auch schon Witwen, einen Bridgeclub und ihr Elternhaus. Denn Moritz war damals, 1888, nach Scheepermoor gezogen, nachdem sie geheiratet hatten und hatte das Haus ihrer Eltern ausgebaut und Geschäftsräume, Labor und Lager eingerichtet. Noch heute waren die Umbauten sinnvoll und praktisch. Das Haus sollte eine Apotheke bleiben. Wer weiß, was ein Käufer daraus machen würde?

Margarete war also gezwungen, die Apotheke zu verpachten und sich in einige Räume im Obergeschoss zurückzuziehen. Sie nahm ihrer Tochter diese Entscheidung bis ans Lebensende übel und freute sich lediglich, wenn ihre Enkelin sie hin und wieder besuchte. Der Kontakt zu Felicitas brach fast völlig ab.

Johannes passte sich der neuen politischen Lage an und wurde Mitglied sowohl in der Deutschen Apothekerschaft als dann auch in der Reichsapothekerkammer. Als Kriegsteilnehmer und Veteran kamen auch nie Zweifel über seine politische Einstellung auf, obwohl er nicht in die NSDAP eintrat und sich auch ansonsten zurückhielt. Das war immer seine ruhige und besonnene Art gewesen.

Er unterstützte seine Tochter im Studium, wo er konnte und als sie Anfang 1937 ihr Examen „summa cum laude" abschloss, war es selbstverständlich, dass sie in den väterlichen Betrieb einstieg. Beide Großeltern väterlicherseits waren inzwischen ebenfalls verstorben. Felicitas arbeitete nur noch sporadisch im Geschäft und widmete sich inzwischen mehreren sozialen Projekten und war als Mäzenin in der Kunstszene bekannt, was ihr immer wieder auch den Kontakt zu jungen Künstlern ermöglichte. Johannes war also stolz und glücklich, in Freya eine kompetente und engagierte Mitarbeiterin zu haben, die auch noch keinerlei Anstalten machte, über eine Ehe oder Familienplanung ernsthaft nachzudenken.

Die politische Entwicklung in Deutschland war trügerisch. Das Geschäft lief gut und Schlüters hatten keinerlei Probleme. Dennoch war der Beginn des 2. Weltkrieges kein Grund zum Jubel. Johannes' Erinnerung an seine Kriegserlebnisse waren immer noch präsent und er war froh, keinen Sohn zu haben, den er als Soldat in den Kampf schicken musste. Die Umsätze in der Apotheke stiegen sogar an, denn trotz der Anfangserfolge des deutschen Heeres kamen auch reichlich verletzte junge Männer zurück in die Heimat, die medizinisch versorgt werden mussten. Johannes gewährte großzügig Rabatt, gerade wenn es um die Wundversorgung von Amputationen ging. Im Laufe der Jahre hatte er selbst mitgewirkt bei der Verbesserung von Prothesen, auch seiner eigenen Beinprothese, und war nun ein bekannter Fachmann auf diesem Gebiet, der gerne zu Rate gezogen wurde. Die Prothesen waren inzwischen ein einträgliches Nebengeschäft für die Apotheke geworden. Johannes beschäftigte einen jungen Mann, den er ausbildete und der sich geschickt anstellte beim Anpassen von Unterschenkeln und Armen. Gemeinsam entwickelten sie neue Möglichkeiten für den Gebrauch von Händen und Füßen. Die betroffenen, ja meist jungen Männer, waren ausgesprochen dankbar dafür, dass sie in ihrer Behinderung doch so behandelt wurden, dass sie ihren Alltag möglichst gut bewältigen konnten. Die eigenen Erfahrungen von Johannes und der daraus resultierende respektvolle Umgang mit den Patienten und das Verständnis für individuelle Probleme sprachen sich rum und das Geschäft florierte und die Krankenkassen schickten ihm gerne ihre Kunden, weil es wenig Folgeprobleme bei ihm gab.

Freya ging auf die Dreißig zu und war eine begehrte und, nach der Mutter kommend, gut aussehende junge Frau, allerdings mit dem dunklen Haar ihres Vaters. Aber sie konnte sich nicht zu einer dauerhaften Beziehung entschließen. Ihre Arbeit, das Geschäft waren ihr wichtiger. Auch die Veränderungen im Verhältnis zum Vater, die eine Ehe mit sich gebracht hätten, hinderten sie daran, sich einem Verehrer endgültig zuzuwenden. Freya spürte, wie sehr der Vater sie brauchte, weil er bei seiner Ehefrau keinerlei Halt fand und sicherlich in ein tiefes Loch gefallen wäre, wenn sie den Haushalt verlassen würde. Sie ging gerne gemeinsam mit ihrer Mutter zu Tanzveranstaltungen und hatte genauso viel Spaß an der Bewegung zur Musik. Inzwischen war sie eingeweiht in den Weg, den Felicitas nach wie vor ging, um Ausgleich zu einem unmöglichen Eheleben zu finden. Ihr Vater tat ihr dabei leid, aber als lebenslustige junge Frau konnte sie auch ihre Mutter verstehen. Nach wie vor war das Verhältnis zwischen Mutter und Tochter eng und vertrauensvoll und das war auch Felicitas überaus wichtig und sie tat alles dafür, es zu erhalten.

Kurz nach ihrem dreißigsten Geburtstag, der gebührend gefeiert worden war, entschloss sich Freya ein paar Tage Urlaub zu nehmen und auf dem Land bei ihrer Großmutter auszuruhen, die inzwischen auf die Achtzig zuging und selber nicht umhin kam zuzugeben, dass sie langsam gebrechlich wurde. Es war Sommer und schönstes Wetter. Freya verabschiedete sich von ihren Eltern und sogar Felicitas gab ihr auf, die Mutter herzlich zu grüßen.

„Sag ihr, ich werde dich abholen und vielleicht ein paar Tage bleiben. Ich hoffe, sie hat nicht mehr vor, mir den Kopf abzureißen, weil ich ihre Apotheke nicht führe. Gib ihr vorsichtshalber einen Kuss von mir."

In der Nacht zum 24. Juli 1943 begannen die Royal Airforce und die US-Airforce mit ausgedehnten Luftangriffen auf die Stadt Hamburg, die sich bis in den August hinzogen. Sie nannten diese Aktion „Gomorrha".

Als die Sirenen schrill vor dem Angriff warnten und die Menschen aufforderten in Bunkern und Kellern Schutz zu suchen, saßen Felicitas und Johannes gemeinsam im Wohnzimmer. Das geschah durchaus selten. Sie hatte sich ein Buch vorgenommen und nutzte das Licht einer Stehlampe, er hatte Bestelllisten ausgefüllt. Nun lagen die Papiere auf dem Tisch und Johannes hatte sich eine Flasche Rotwein aufgemacht und schaute durch die dunkelrot schimmernde Flüssigkeit in die Lampe darüber.

„Ich bin froh, dass Freya auf dem Land ist“, sagte Johannes nachdem er durch den Sirenenlärm aufgeschreckt war.

„Ich glaube nicht, dass sie zu uns kommen“, bemerkte Felicitas. „Sie werden nach Rotenburgsort oder zum Hafen fliegen. Ich habe keine Lust in den Keller zu gehen. Das geht sicher schnell vorbei.“

„Wenn du meinst“, stimmte Johannes zu, der die besondere Situation, mit seiner Frau allein und sozusagen „traut“ beisammenzusitzen genoss. Über dreißig Jahre waren sie jetzt zusammen und die meiste Zeit davon eben doch nicht. Der Krieg hatte das Leben und die Tanzvergnügen in der Stadt wieder einmal beschränkt und Felicitas mehr ans Haus gefesselt, als ihr lieb war. Der Krieg stand auf der Kippe, Johannes spürte das, er hatte das schon einmal erfahren. Vielleicht verband ein Ende mit Schrecken ihn noch einmal mit seiner Frau, die im Alter doch irgendwann einmal ruhiger werden musste. Er hatte nun sehr lange gewartet und tief in ihm drin gab es immer noch liebevolle Gefühle für sie.

Auch Felicitas war froh, dass Freya nicht in Hamburg war. Sie nahm sich vor, ihr sofort nachzureisen, wenn dieser Spuk hier vorüber gegangen war.

„Setz dich doch herüber zu mir aufs Sofa“, forderte sie den verdutzten Johannes auf.

„Ich habe mir gerade gedacht, dass ich auch aus Hamburg weg will. Willst du nicht mitkommen für ein paar Tage nach Scheepermoor. Dir würde die frische Landluft auch gut tun und ich hätte ein wenig Unterstützung bei der Begegnung mit meiner Mutter.“

Johannes erhob sich, nahm sein Glas und setzte sich zu seiner Frau. Er war etwas verwundert, solch eine Idee von ihr zu hören, konnte das Angebot aber nicht ablehnen, auch wenn sich sofort Gedanken einschlichen, ob die Apotheke einige Tage ohne ihn und Freya auskommen konnte. Er wagte es sogar, Felicitas Hand in seine zu nehmen, als er sagte: „Lass uns das so machen.“

Schon bei der ersten Angriffswelle traf eine Brandbombe die Schlüter-Apotheke am Alsterufer. Das Haus stand schnell lichterloh in Flammen und brannte vollständig aus, die Bewohner hatten keine Chance zu entkommen. Felicitas und Johannes Schlüter starben gemeinsam in dieser Nacht, ihre Körper waren bis zur Unkenntlichkeit verbrannt und wurden in einem Massengrab beigesetzt.

Freya erfuhr einige Tage nach der Hamburger Bombennacht im idyllischen und friedlichen Scheepermoor davon, dass sie Elternhaus und Eltern gleichzeitig und vollständig verloren hatte. Nicht einmal ein Grab hatte sie, an dem sie um sie hätte weinen können. Freya war am Boden zerstört. Sie hatte beide Eltern auf ihre Art geliebt, auch wenn zwischen ihnen die Liebe erkaltet war. Freya blieb in Scheepermoor. An einen Verkauf des Grundstücks in Hamburg war erst nach dem Ende des Krieges zu denken. Der Pachtvertrag für die Apotheke in Scheepermoor lief Ende des Jahres aus. Margarete fragte ihre Enkelin, ob sie sich vorstellen könne, den Betrieb ihres Opas zu übernehmen und Freya willigte ein. Nach Hamburg zog sie im Augenblick nichts mehr und auf diese Weise konnte sie bei ihrer schon recht gebrechlichen Großmutter bleiben und auf sie achten.

Sie machte sie damit auf ihre alten Tage noch sehr glücklich und viel von dem Ärger wieder gut, den Ihre Mutter ausgelöst hatte. Margarete starb friedlich zu Beginn des kalten Winters 1945. Sie hatte das Kriegsende noch erlebt und auch gesehen, dass Freya im Begriff war, eine Familie zu gründen.

Otto Ondukat war der Sohn von Dörte Schölermann, die mit ihrer Mutter gemeinsam Brautjungfer war auf der legendären Hochzeit 1906. Otto war, wie sein Vater, Lehrer in Bremen, als er 1940 als Soldat eingezogen wurde. Ende 1942 wurde er schwer verletzt und war von der Ostfront aus dem Krieg nach Scheepermoor zurückgekehrt. Er war von einem Flammenwerfer erwischt worden. Sein ganzer Rücken war übersäht mit vernarbten Wunden, die ständig mit Salben versorgt werden mussten. Seine Mutter Dörte hatte ihn lange mit einiger Überwindung versorgt, gab diese Aufgabe aber gerne ab, als die neue junge Apothekerin aus Hamburg, die jetzt das Geschäft ihrer Großeltern weiterführte, sich anbot die Behandlung zu übernehmen. Da Freya Schlüter durch ihren Vater nie Probleme mit Wundbehandlungen hatte, übernahm sie die Betreuung des Sohnes der Freundin ihrer Mutter wie selbstverständlich. Diese Selbstverständlichkeit, mit der sie mit ihren sanften Händen die Heilsalbe auf die Narben auftrug, tat dem schüchternen Otto gut, körperlich, aber auch seelisch. Freya erzählte ihm von ihrem Vater und seiner Kriegsverletzung, die sie immer mit Wundsalbe versorgt hatte schon als kleines Mädchen. Er fasste Vertrauen zu dieser selbstbewussten und zudem schönen jungen Frau. Nie hätte er gedacht, dass eine Frau ihn mit seinen Entstellungen noch einmal berühren könnte. Und so heilten seine Wunden nach und nach ab, wenn auch die Narben nie endgültig verschwanden, diese Erinnerung an den Krieg blieb ihm lebenslang erhalten. Gleichzeitig ergab sich aus der intimen Berührung eine intime Beziehung, denn auch Freya war dieser stille und kluge Mann schnell sympathisch und die Gespräche während der Behandlungen gingen über Gott und die Welt, bis sich Otto schließlich traute, Freya zu einem Sonntagsausflug einzuladen. Sommersonne und Picknickdecke taten ein Übriges und führten zum ersten Kuss. Wenige Wochen später bat Otto Freya um ihre Hand und versäumte auch nicht mit einem Blumenstrauß bei ihrer Großmutter nachzufragen, ob er Freya heiraten dürfe. Die war allerdings hocherfreut, erlebte aber dann die Hochzeit im Frühjahr 1946 nicht mehr mit.

Helene III

Es war allerdings nicht schlecht, dass die Familie Finke nicht allein von Hubertus' Einkommen abhängig war, denn seine Stelle war seit der Machtergreifung der Nationalsozialisten nicht mehr sicher. Hubertus hatte gemeinsam mit Dietrich Bonhoeffer in Thübingen studiert und auch wenn er den Kontakt zu ihm nicht aufrechterhalten hatte, lag er doch theologisch mit ihm auf einer Linie. Auch Hubertus schloss sich der „Bekennenden Kirche" an und versuchte in seinen Predigten vorsichtig auf die Gefahren aufmerksam zu machen, die die Nazi-Ideologie beinhaltete. Er betonte die Gleichheit aller Menschen vor Gott und konnte in einzelnen Fällen auch Menschen helfen, das Land zu verlassen, bevor sie durch ihre jüdischen Vorfahren in Gefahr gerieten. Hubertus wurde misstrauisch beobachtet vom von der Partei eingesetzten Bürgermeister und auch einige Gemeindemitglieder schrieben Beschwerdebriefe an seinen Superintendenten.

Helene war sehr besorgt um ihren Mann und bat ihn immer wieder, vorsichtig zu sein und nicht zu deutlich zu werden in seiner Auslegung der Predigttexte. Aber sie stand natürlich auf seiner Seite und sah ein, dass er Recht hatte. Die Gemeinde in Scheepermoor stand ebenfalls hinter ihrem Pastor, der drei Jahrzehnte gut für sie gearbeitet, sie getraut, ihre Kinder getauft hatte. Und so blieb Hubertus in seiner kleinen norddeutschen Gemeinde letztlich unbehelligt. Helene aber litt unter dieser Dauerbelastung.

Hinzu kam, dass sie die Zusammenarbeit mit Gesche einstellen musste, als Gesche als Künstlerin vom neuen Regime geschasst wurde. Helenes Kindergeschichten waren unverdächtig, obwohl die Werte, die darin vertreten wurden, christlich, pazifistisch und menschenfreundlich waren. Es waren auch weniger Gesches Illustrationen in den Kinderbüchern, die ihr schadeten. Sie war in ihrer Zeit in Worpswede mit Künstlern befreundet, die eher dem Sozialismus zugeneigt waren, wie zum Beispiel Heinrich Vogeler. Ihre mutigen Aktbilder aus dieser Zeit galten nun als entartet. Sie wurde vom Nazi-Regime misstrauisch beobachtet und schließlich mit einem Berufsverbot als Malerin belegt. Als Lehrerin wurde von ihr verlangt, dass sie in die NSDAP eintrat. Dazu war Gesche aber nicht bereit. Sie kündigte und zog sich auf den elterlichen Hof zurück.

Helene bedauerte natürlich sehr, dass es keine weiteren Buchveröffentlichungen geben würde, aber sie hielt ihre persönliche enge Freundschaft mit Gesche selbstverständlich und ehrlich aufrecht. Sie stand ihr auch bei, als gleich in den ersten Kriegsjahren beide Brüder fielen und gegen Ende des Krieges beide Eltern kurz hintereinander starben. Gesche war nun die Hoferbin. Und offensichtlich lag Scheepermoor weitab vom Weltgeschehen, so dass sowohl Gesche als auch Hubertus geborgen in der Dorfgemeinschaft die braune Schreckenszeit überstanden.

Helenes Sohn Markus hatte studiert und war inzwischen Biologe und Dozent an der Technischen Hochschule in Hamburg. Markus kam beruflich nach der Machtergreifung der Nationalsozialisten in eine Krise, denn die Rassentheorie der Nationalsozialisten hielt er für völligen Humbug, musste mit seiner Meinung aber hinter dem Berg halten, wenn er seine Stellung behalten wollte. Nun löste sich dieser Konflikt durch den Kriegsbeginn auf. Er wurde schon Anfang 1940 zum Wehrdienst eingezogen. Helene war ganz krank vor Sorgen um ihn. Ihre heile Welt, ihre Ungezwungenheit und Freiheit, aus der die wunderschönen Geschichten für ihre und andere Kinder entstanden waren, löste sich auf in Angst und Schrecken. Angst um Hubertus, der sich nicht einschränken konnte in seinem Verständnis von der Freiheit eines Christenmenschen, Sorgen um die Freundin Gesche in ihrer Beschränkung ihrer so harmlosen Kunst und nun der Schrecken dieses so unnötigen Krieges, der nur Leid bringen konnte und das Leben ihres Sohnes in Gefahr brachte.

Markus hatte zunächst den Feldzug gegen Norwegen unbeschadet überstanden. Aber die antisemitische Einstellung der Nazis holte ihn dann doch wieder ein.

1941 wurde er an die Ostfront versetzt. Seine Einheit wurde herangezogen zu Säuberungsaktionen in weißrussischen Dörfern. Die Soldaten trieben die Menschen zusammen und stellten mithilfe der Register der Gemeindebehörden die Menschen mit jüdischen Wurzeln fest. Diese wurden dann selektiert und auf einen Acker vor das jeweilige Dorf getrieben. Hier mussten sie große Gräben ausheben, die sich schließlich als ihre eigenen Massengräber herausstellten. Denn sie wurden am Rand der Gräben in Reih und Glied aufgestellt, Frauen, Männer und Kinder, und die Soldaten mussten sie dort standrechtlich erschießen.

Markus wurde erst spät bewusst, was da vor sich ging. Er war entsetzt, konnte sich aber dem Feuerbefehl nicht entziehen. Auch dass er daneben zielte, änderte nichts, denn die noch nicht gleich Toten wurden einzeln mit Pistolenschüssen in den Kopf oder Nacken „nachbehandelt".

Markus war in einem christlichen Haushalt aufgewachsen, die Ansichten seines Vaters waren auch die seinen. Er konnte dieses Vorgehen gegen völlig unschuldige Menschen nicht einfach hinnehmen. Er meldete sich bei seinem vorgesetzten Offizier und protestierte gegen diese perfide Massenvernichtung. Er bat darum, zumindest versetzt zu werden und an diesem Mordgeschehen nicht mehr teilnehmen zu müssen. Die Konsequenz aus seinem Verhalten war eine scharfe Rüge und zur Strafe die Übernahme der „Nachbehandlung" beim Vorgehen gegen das nächste Dorf, andernfalls drohe ihm Kriegsgericht und Hinrichtung.

Noch in der gleichen Nacht entfernte sich Markus unerlaubt von seiner Einheit und versuchte sich bis nachhause durchzuschlagen. Er wurde aber noch vor der deutsch-polnischen Grenze von Militärpolizisten aufgegriffen. Nun wurde ihm tatsächlich der Prozess wegen Desertion gemacht, er wurde zum Tod durch Erschießen verurteilt. Sein letzter Brief aus dem Gefängnis, der ihm erlaubt war zu schreiben, erreichte das Elternhaus in Scheepermoor am gleichen Tag wie die Nachricht über seine Aburteilung, einen Tag vor Weihnachten.

Helene hatte mit Kindern aus der Gemeinde ein Krippenspiel für den Nachmittagsgottesdienst an Heiligabend vorbereitet und probte am Vormittag noch einmal dafür in der Kirche. Als sie ins Gemeindehaus hinüber ging, sah sie noch den Postboten davoneilen, der die Briefe in den Briefkasten geworfen hatte. Sie nahm die Umschläge mit ins Haus und sortierte sie nach dienstlicher und privater Post, auch ein Brief von Markus war dabei. Der letzte Brief, ein grauer Umschlag mit einem Stempel, auf dem ein Adler auf einem Hakenkreuz hockte, erregte ihre Aufmerksamkeit. Sie öffnete ihn mit etwas zittrigen Fingern. Kühl und in wenigen Sätzen wurde ihr mitgeteilt, dass Markus Finke wegen Fahnenflucht zum Tode verurteilt und hingerichtet worden sei.

Helene brach zusammen. Die Sorge um Hubertus und ihren Sohn im Felde waren sowieso schon fast unerträglich für sie. Dieses Schicksal ihres zwar mutigen und sich im Recht befindlichen, aber eben doch auch unehrenhaft toten Sohnes in diesem unmenschlichen System konnte sie nicht zusätzlich ertragen. Helene weinte unablässig, bis sie keine Tränen mehr hatte und nur stumm dasaß und in sich hinein sah. Sarah und Rebecca waren inzwischen selber verheiratet, Sarah hatte eine zweijährige Tochter. Sie bemühten sich so oft wie möglich bei ihrer Mutter zu sein. Auch Gesche kam nun oft ins Pfarrhaus und versuchte ihre Freundin zu trösten. Aber die Hauptlast der nun nötigen Pflege fiel Hubertus zu, der zudem seine eigene Trauer und Wut und Ohnmacht bewältigen musste.

Helene konnte nicht mehr arbeiten. Auch der kleine Haushalt ohne Kinder in dem nun allerdings großen, leeren Haus war ihr zuviel. Eine tiefe Depression verdunkelte ihre Tage. Nur langsam und mühsam erholte sie sich von dem Schlag, der sie getroffen hatte mit Markus' Tod. Die fröhliche Frau mit dem hübschen Lächeln und der warmen Ausstrahlung, die so herzlich und ansteckend lachen konnte und um die sich Kinder wie Fliegen um ein Honigbrot sammelten, wenn sie mit ihrer geheimnisvollen Stimme von Feen und Prinzessinnen erzählte, gab es nicht mehr. Nie wieder.

Ein Jahr nach Ende des Krieges ging Pastor Hubertus Finke in den wohlverdienten Ruhestand. Er konnte sich jetzt noch mehr um seine Frau kümmern, aber es kam die Zeit, wo auch er das nicht mehr bewältigen konnte. Er musste sie in ein Pflegeheim geben. Helene hatte sich ganz in sich selbst zurückgezogen und reagierte nur noch selten auf die Ansprache ihres Mannes. Den Umzug in das Heim nahm sie kaum wahr.

Sarah und Rebecca hatten nun ihre eigenen Familien und auch Kinder. Nur wenn sie mit ihren Kindern die Mutter und Großmutter besuchten und wenn die Enkel für die stille Oma eines ihrer Kinderbücher lasen und die schönen Illustrationen von Gesche Behrens betrachteten, kam noch einmal Glanz in die Augen von Helene und sie streichelte sanft über die Haarschöpfe der Kinder.

Helene starb 1950 still im Pflegeheim umgeben von ihrer Familie. Auch Gesche war dabei. Hubertus folgte ihr nur wenig später.

Marta III

Martas Entscheidung für Maurice und nach Colmar zu gehen war die Richtige und sie hat sie nie bereut. Neben dem hier nun folgenden beruflichen und finanziellen Erfolg, war auch die Ehe von Marta und Maurice glücklich. 1920 wurde die Tochter Franziska geboren, zwei Jahre später der Sohn Jean. Die zwanziger und dreißiger Jahre wurden zu einer glücklichen Phase in Martas Leben, die sie nach Jahren im Schattendasein genoss. Die Firma blühte auf, die Kinder wuchsen behütet und geliebt heran. Die Entwicklung in Deutschland, die Machtergreifung der Nationalsozialisten, beunruhigten Marta und ihre Familie zwar, aber alles war inzwischen für sie doch weit weg, im Ausland. Das änderte sich natürlich mit Kriegsbeginn und der schnellen Niederlage Frankreichs gegen die deutschen Truppen.

Colmar war allerdings nicht betroffen. Es gehörte zur nicht besetzten Zone. Maurice war auch nicht gezwungen mit deutschen Behörden zusammenzuarbeiten. Die Geschäfte gingen zurück, kamen aber nicht zum Erliegen. Selbst in der Schlussphase des Krieges, als das Elsass noch einmal Ziel kriegerischer Handlungen wurde, war die Gegend um Colmar nicht betroffen. Jean wurde nicht zum Kriegsdienst herangezogen. Marta und ihre Familie überlebten in Frankreich den 2. Weltkrieg unbeschadet. Nun gab es erst recht keinen Grund mehr nach Deutschland zurückzukehren, das in Trümmern lag und sich politisch und als Staat erst wieder neu bilden musste. Das väterliche Geschäft in Scheepermoor hatte den Krieg ebenfalls unbeschadet überstanden. Viktor hatte an der Ostfront kämpfen müssen, kehrte aber nach kurzer Kriegsgefangenschaft schon 1946 nachhause zurück. Inzwischen führte er den Maurerbetrieb wie vorgesehen.

Marta wurde älter. Ihr Haar war inzwischen silbergrau, was ihr gut stand, aber sie war nach wie vor schlank und ging hoch aufgerichtet und in Colmar wohlbekannt durchs Leben. Aber 1964 starb Maurice friedlich im Schlaf. Sein Verlust traf Marta schwer und es dauerte einige Jahre, bis sie ihn einigermaßen verwunden hatte. Jean hatte das Geschäft des Vaters längst übernommen und sich als Architekt inzwischen selbst einen guten Namen gemacht. Er und auch seine Schwester Franziska waren verheiratet und an ihren drei Enkelkindern hatte Marta ihre Freude.

Da erreichte Marta 1967 eine Einladung. Dörte Schölermann, jetzt Ondukat, aus Scheepermoor wollte ihren 80. Geburtstag feiern und dazu alle noch lebenden Brautjungfern der Hochzeit von 1906 einladen. Sie hatte über Elisabeths Sohn Victor Martas Adresse bekommen, der sie wusste, weil Marta nach wie vor ein Anteil an der Firma ihres Vaters gehörte.

Gesche III

Nach der Machtübernahme durch die Nationalsozialisten geriet Gesche dann doch in Gefahr. Ihre Bilder, insbesondere ihre Aktzeichnungen, wurden als entartete Kunst bezeichnet. Der Handel und die Verbreitung sowie die Ausstellung ihrer Bilder wurden verboten. Selbst die harmlosen Kinderbücher wurden aus den Buchläden entfernt. Davon war auch Helene betroffen, die aber deshalb natürlich nichts an ihrem freundschaftlichen Verhältnis mit Gesche änderte.

In der Schule verlangte man von Gesche, der nationalsozialistischen Partei beizutreten, wenn sie weiterhin als Lehrerin arbeiten wollte. Aber das war dann doch zu viel verlangt. Gesche konnte sich nicht derartig verbiegen, einer Regierungspartei, die ihr ihre Arbeit als Künstlerin verbot, scheinheilig beizutreten, damit sie ihre durchaus auch geliebte Arbeit als Lehrerin behalten konnte. Sie kündigte und zog sich nun völlig auf den Hof in Scheepermoor zurück. Sie hatte durch den Verkauf ihrer Bilder einige Ersparnisse. Ihre noch vorhandenen Bilder versteckte sie sorgfältig in einer der Scheunen. Und sie malte natürlich trotz des Verbots heimlich weiter. Und auf einem Bauernhof wurde noch immer jedes Familienmitglied ohne Probleme mit durchgefüttert.

Gesches Mutter war nun 70 und froh über die Hilfe ihrer Tochter im Haushalt. Die kleine Trine wuchs unbekümmert in der ländlichen Umgebung auf und genoss die Tiere auf dem Hof und die vielfältigen Spielmöglichkeiten auf einem landwirtschaftlichen Betrieb.

Der Hof, ja ganz Scheepermoor, wurde von kriegerischen Aktivitäten verschont und blieb unversehrt. Wenn wirklich einmal ein paar Flugzeuge niedrig über das Moor jagten, war das eher eine Attraktion als eine Bedrohung für die Kinder des Ortes. Allerdings fielen Gesches beide Brüder im Russlandfeldzug. Für ihre Eltern war das nicht nur eine persönliche Katastrophe, sondern auch für den Hof. Denn es blieb nun kein männlicher Erbe. Gesche dachte kurz zurück, was das bedeutet hätte, wenn sie damals Horst geheiratet hätte und er nicht umgekommen wäre. Kurz nach Ende des Krieges im kalten Winter 1945 starb Walter Behrens an einer Lungenentzündung und nur zwei Jahre später verlor Gesche auch ihre Mutter. Nun war sie tatsächlich ganz allein auf dem Hof und die einzige Erbin.

Gesche musste etwas unternehmen, um die Arbeit auf dem Hof aufrecht zu erhalten. Es gab zwar ein paar fleißige Landarbeiter, die auch schon lange für Familie Behrens arbeiteten, aber der Hof war groß und es gehörte ein ordentlicher Verwalter her, denn das traute sich Gesche nicht mehr zu und außerdem wollte sie ihre Arbeit als Lehrerin nicht aufgeben. Denn noch vor der Gründung der Bundesrepublik wurde die Berufsschule in der Kreisstadt neu eröffnet und dafür dringend Lehrkräfte gesucht. Gesche, die aus politischen Gründen 1000 Jahre nicht mehr arbeiten durfte, war nun gerade die Richtige. Sie war politisch unverdächtig und ihre Erfahrung, ihre Qualitäten waren nicht vergessen worden.

Nach längerem Suchen stellte sie Dieter Grischkat ein. Er hatte auf großen Gütern in Pommern gearbeitet und dann vor den heranrückenden russischen Truppen fliehen müssen. Er war 49, als er auf Riebesehls Hof anfing, ein gestandener Mann mit pechschwarzen Haaren und einem dicken Schnurrbart. Gesche war inzwischen 56, immer noch recht ansehnlich, auch wenn sie sich nicht extra zurecht machte und sie hatte sich trotz allem Leid und der Trauer um die Familienangehörigen und der Wut über das Arbeitsverbot ihr fröhliches Wesen bewahrt. Dieter Grischkat arbeitete sich schnell ein und Gesche vertraute ihm bald die Organisation der Abläufe an und war froh über die Entscheidung, ihn einzustellen. Er war ihr von Anfang an sympathisch.

Trine hatte inzwischen ein Studium als Lehrerin begonnen, das sie 1948 abschloss. Wenig später heiratete sie einen Studienkollegen und beide zogen nach Hamburg, wo sie Anstellungen in derselben Schule bekamen. Hamburg war mitten im Wiederaufbau, erholte sich aber schnell von den Folgen des Krieges. Gesche war also wieder allein auf dem Hof, auch wenn das Verhältnis zu Trine eng blieb und sie sie oft besuchte.

Auch deswegen entwickelte sich das Verhältnis zwischen Dieter und Gesche immer enger. Gesche war etwas verwundert, dass der jüngere, aber auch nicht mehr junge Mann sie umwarb, gab sich aber dem Gefühl des Begehrtseins gerne hin. Das Fehlen eines Mannes in ihrem Leben hatte sie nie betrübt. Aber nun ließ sie zu, dass Dieter auch in ihr Bett kommen durfte. Und die körperliche Begegnung empfand sie als erstaunlich befriedigend und ließ sich gerne dabei gehen. Einige Wochen erlebte sie ihren zweiten Frühling.

In einer lauen Augustnacht 1950 rollten die beiden Liebenden erschöpft auseinander und blieben tief atmend nackt auf der Bettdecke liegen, denn es war warm und durch die offenen Fenster des Schlafzimmers kam kaum ein Lüftchen herein.

Schließlich drehte sich Dieter zu Gesche herum.

„Was hältst du davon, wenn wir unser Verhältnis legalisieren?"

„Was meinst du damit?", fragte Gesche murmelnd, denn sie war schon fast weggedöst.

„Du weißt, dass ich dich gerne mag. Und mit meiner Arbeit bist du auch zufrieden, das weiß ich. Und der Hof läuft ja auch prächtig. Wie wäre es, wenn wir heiraten würden?"

Jetzt wurde Gesche doch schlagartig wieder wach. Sie war wirklich glücklich, dass da wieder ein Mann in ihrem Leben war, den sie mochte und von dem sie sich gerne befriedigen ließ. Aber über eine feste Bindung, eine Ehe hatte sie nach dem Desaster mit

Trines Vater nie wieder nachgedacht, sie hatte eigentlich gar nicht groß nachgedacht, als sie sich mit Dieter einließ. Was würde eine Ehe für sie bedeuten und wichtiger noch für den Hof?

„Du überraschst mich jetzt ehrlich damit", antwortete sie, als das Schweigen zwischen ihnen zu lang zu werden drohte. „Ich mag dich wirklich auch gerne, aber heiraten wollte ich eigentlich in meinem Alter nicht mehr. Ich weiß gar nicht, wie lange ich noch auf dem Hof bleiben werde, ob ich ihn behalten werde, wenn ich den Schuldienst beende. Würdest du denn auch bei mir bleiben, wenn ich in die Stadt ziehe?"

Dieter merkte schnell, dass er zu mutig auf sein Ziel zugegangen war. Natürlich war nicht brennende Liebe zu Gesche allein in seinem Sinn, als er von Heirat sprach. Er hatte sich auch einen auskömmlichen Lebensabend auf einem einträglichen Hof dabei vorgestellt. Wortlos stand er auf und ging in sein eigenes Zimmer hinüber.

Gesche sank in die dicken Federbetten zurück. Ihre Gefühle waren zwiespältig. Hatte sie hier eine letzte Chance verpasst im Alter nicht einsam zu sein oder hatte sie nur einen Versuch abgewehrt, ihren ansehnlichen Besitz für den Lebensabend zu schmälern? Ihre letzten körperlichen Freuden im Alter hatte sie sich wohl verdorben. Eine einzelne Träne lief ihr über die Wange, aber dann erschien schon wieder ein breites Grinsen auf ihrem Gesicht. Männer!!

Dieter Grischkat kündigte fristgemäß seinen Arbeitsvertrag und verließ zum Jahresende den Riebesehl-Hof. Die letzten Monate waren durch höfliches, aber distanziertes Verhalten zwischen ihm und Gesche gekennzeichnet.

1951 wurde Gesche mit 60 Jahren pensioniert. Es gab eine bewegende Abschiedsfeier, in der die Kollegen ihre trotz des Bruches in den 40er Jahren kontinuierlich gute Arbeit anerkannten. Aber es flossen auch ein paar Tränen, weil Gesche zu einigen Kolleginnen doch ein sehr freundschaftliches Verhältnis hatte.

Erdmute III

Erdmutes Möbelgeschäft hatte einen guten Namen und produzierte auch nach der Machtergreifung der Nationalsozialisten weiterhin Stilmöbel für eine wohlhabende Klientel. Dass dazu nun auch bekannte Politiker der NSDAP gehörten, mochte ihr persönlich nicht behagen, aber als gute Geschäftsfrau waren ihr die Qualität ihrer Möbel und der Umsatz wichtiger als die Qualität der Kunden. Matthias und Erdmute gehörten zur großen Menge derer, die nicht leiden mussten unter den politischen Verhältnissen, die politisch nirgends eingebunden waren und gut und unbehelligt leben konnten. Die Konsequenz aus der Politik des Führers, die in den Krieg führte, machte ihnen dann aber doch Sorgen.

Als der 2. Weltkrieg begann, war Matthias schon zu alt und Leo vorerst zu jung, um als Soldat zu dienen. Erst gegen Kriegsende holte sie das Kriegsgeschehen noch ein. Leo wurde Anfang 1945 an die im Rückzug befindliche Ostfront geschickt. In den letzten Kriegstagen konnte er sich bis über die Elbe in Richtung Heimat durchschlagen, geriet dann aber schließlich in englische Kriegsgefangenschaft. Nach einigen Wochen in einem englischen Kriegsgefangenenlager, in dem Hunger herrschte und die Suppe, die sich die Gefangenen aus Brennnesseln und Klee kochten, zur Delikatesse wurde, wurde er nach England deportiert, zum Glück nur für ein halbes Jahr und die Verpflegung in England war auch besser. Nebenbei bekam er einige Grundkenntnisse in der englischen Sprache. Schließlich kehrte er abgemagert, aber gesund nach Hause zurück und wurde von seiner Mutter und besonders auch von seiner Schwester wieder aufgepäppelt. Über die Zeit in England erzählte er immer wieder lustige Anekdoten, über die Kriegserfahrungen in den Monaten davor blieb er sehr wortkarg.

Im April 1945 rückten britische Truppen auch auf Worpswede vor. Die Parteileitung des Ortes hielt es für notwendig, dem noch einen Volkssturm entgegen zu schicken. Die Meinungen darüber waren geteilt. Fritz Mackensen, der berühmte Malerkollege von Matthias, war im Krieg noch aktiv tätig gewesen und wäre auch jetzt mit seinen 79 Jahren am liebsten mitgezogen, wovon man ihn allerding abhielt. Matthias ließ sich nur widerwillig zwingen ein Gewehr in die Hand zu nehmen und mit einer Handvoll Männer hinter einem Wall aus Torf Stellung zu beziehen und auf die heranrückenden englischen Soldaten zu warten. Neben ihm lag sein Freund Max Tulleen, wie er an die 60 und ständig vor sich hin brummelnd, was der Unsinn denn noch sollte. Als das schottische Hochlandregiment heranrückte, entstand große Nervosität. Matthias konnte nie herausbekommen, wer von diesem letzten Aufgebot die Nerven verlor und begann auf die Soldaten zu schießen. Jedenfalls war die Antwort eine heftige Maschinengewehrsalve, bei der sich alle duckten. Die Konsequenz daraus war, dass alle ihre Waffen über den Torfwall warfen und sich mit erhobenen Händen in die Gefangenschaft der britischen Truppen begaben. Nur Max blieb liegen. Eine Kugel hatte ihn in den Kopf getroffen. Matthias war verzweifelt und geschockt, konnte sich aber nicht um seinen Freund kümmern, weil sie alle sofort abgeführt wurden.

Matthias wurde nach wenigen Tagen aus der Kriegsgefangenschaft entlassen. Aber als er zuhause ankam und von Erdmute in die Arme geschlossen wurde, war er nicht mehr derselbe. Eine tiefe Depression hatte ihn erfasst. Er saß jetzt fast den ganzen Tag auf der Bank am Kachelofen, sprach kaum und versank in einer Dunkelheit, die keine Arbeit, keine Malerei, ja auch keinen Spaziergang in die von ihm so geliebte Natur möglich machte.

Erdmute war es wieder einmal, die den Laden schmeißen musste. Sie hatte die Sorge um ihren Sohn, der nach England deportiert wurde, sie musste sich um ihren Mann wie um ein kleines Kind kümmern und natürlich war da auch noch das Geschäft. Die Zeiten waren schwer, aber die Resolute ging die Dinge an, wie sie kamen. Sie bewegte Matthias langsam wieder dazu hinauszugehen, zunächst mit ihr zusammen, dann aber auch alleine. Und der Kontakt zu der Moorlandschaft, zu den Farben von Himmel und Wiesen, von Wäldern und Bäumen und die klirrende Luft in jenem kalten Winter ließen ihn wieder aufleben. Als Leo zu Weihnachten wieder heimkehrte, dünn und ausgemergelt, aber am

Leben, griff Matthias wieder zu Pinsel und Palette und malte sein berühmtes Weihnachtsbild „Helles Licht am kalten Himmel".

Leon wurde von seiner Mutter wieder aufgepäppelt. Irgendwoher besorgte sie Weißbrot und Marmelade und fütterte ihren Sohn damit. Anschließend begann für Leo die Ausbildung als Möbeltischler und er stellte sich dabei geschickt an. Auch seine Fähigkeit für Design und Form hatte er von der Mutter geerbt, so dass nichts gegen eine Übernahme des Betriebs eines Tages sprach.

Erdmute brachte das Geschäft über die schwierige Nachkriegszeit, bis es in der Wirtschaftswunderzeit wieder zu florieren begann. Erdmute, die Resolute, war ungebrochen und stark und sah nach vorne.

Ende der 50er Jahre übergab sie das Geschäft an ihren Sohn Leo und zeichnete nur mehr zum Vergnügen noch einige Entwürfe.

Scheepermoor III

Scheepermoor war vom Bombardement des 2. Weltkrieges weitestgehend verschont worden. Die großen Städte Bremen, Hamburg und Hannover hatten alles abbekommen, hier fand man nur zwei, drei Bombenkrater auf den Feldern, wo die Piloten übriggebliebene Bomben abgelassen hatten vor dem Rückflug nach England. Nun wurde schnell wieder versucht, die braune, dunkle Zeit hinter sich zu lassen. Der Gemeinderat wurde noch unter der englischen Besatzung wieder demokratisch eingerichtet und die positive Entwicklung vorangetrieben. Das Wirtschaftswunder der 60er Jahre ließ auch Scheepermoor weiter gedeihen. Eine zunehmende Einwohnerzahl erforderte neue Wohngebiete, auch weil eine große Anzahl Ostflüchtlinge aufgenommen werden mussten. Daraus ergaben sich neue Einzelhandelsgeschäfte, Handwerksbetriebe oder auch Rechtsanwalts- und Arztpraxen. Die alte Volksschule wurde Grundschule und eine neue Schule, die zur mittleren Reife führte, wurde gebaut. Die Landwirtschaft verlor mit der Zeit immer mehr an Bedeutung und nur die größten Höfe hielten sich über die Jahrzehnte. Im Ort gab es zwar noch zwei größere Grünanlagen und um Scheepermoor herum waren noch reichlich Felder und Wälder, aber der Baumbestand im Ort nahm kontinuierlich ab und die Feldwege wurden nach und nach asphaltiert und sumpfige Wiesen trockengelegt, um sie landwirtschaftlich besser nutzen zu können. Das reduzierte natürlich auch den Bestand an Auerhähnen, Birkhühnern, Wildenten, Fasanen und Kiebitzen. Scheepermoor wurde ein moderner Ort mit 7000 Einwohnern und einem halben Dutzend eingemeindeter Dörfer dazu, der von Pendlern in die großen Städte gerne genutzt und mit Einfamilienhäusern zugebaut wurde. Als das Rathaus zu klein wurde, baute man statt des schönen alten Fachwerkhauses einen kompakten 60er-Jahre-Betonklotz auf eine der letzten Grünflächen bei der Kirche, die allerdings nach wie vor stand, wo sie hingehörte.

Dörte III

Dörte und Detlef fingen unmittelbar nach Ende des Krieges wieder mit ihrer politischen Aktivität an. Der SPD-Ortsverein wurde neu gegründet und sowie die englischen Besatzer es zuließen, wurde in Scheepermoor wieder ein Gemeinderat gewählt und der alte Bürgermeister, Detlef Ondukat, wurde auch wieder der neue. Detlef hatte mit den englischen Besatzungsbehörden eng zusammen gearbeitet und konnte sehr wohl identifizieren, wer in der Nazi-Zeit und im 2. Weltkrieg welche politische Haltung eingenommen hatte. Im neuen Gemeinderat saßen hauptsächlich Freunde und Bekannte von Detlef, die auch in diesen Zeiten kritisch waren und zu ihm gehalten hatten.

Dörte arbeitete innerhalb der SPD mit daran, dass auch ein neuer Landtag entstand. 1947 wurde sie eine der ersten Frauen im

Niedersächsischen Landtag, der im reichlich zerstörten Hannover zunächst in der Stadthalle tagte. Unter der Führung der SPD gab es zwei Regierungen bis 1955. Zur Landtagswahl 1954 ließ sich Dörte nicht mehr aufstellen und zog sich wieder einmal auf den Hof zurück, der inzwischen voll von Otto bewirtschaftet wurde.

1967 Entschloss sich Dörte, ihren 80. Geburtstag groß zu feiern. Sie wollte alle ihre Freunde und politischen Weggefährten aus dem Dorf, aber auch aus Hannover einladen. Besonders lagen ihr die alten Freundinnen am Herzen, die damals 1906 als Brautjungfern fungierten. Ihnen schickte sie sogar einen Abzug des alten Fotos zu, das ihr wieder in die Hände gefallen war bei den Vorbereitungen. Die Adressen hatte sie sich besorgt und war gespannt auf die Frauen, die wie sie selbst nun in Ehren gealtert waren.

Der 80. Geburtstag

Eigentlich hatte Dörte am 29. Juni Geburtstag, aber da der auf einen Donnerstag fiel, hatte sie zu einem Mittagessen mit anschließendem Kaffeetrinken am darauffolgenden Sonntag eingeladen. Schon vor 11 Uhr fuhren etliche Karossen mit Hannoverschen Kennzeichen und dem Kennzeichen der Kreisstadt vor dem Scheepermoorer Hof vor und der Parkraum wurde knapp. Die Freunde und Nachbarn aus dem Ort kamen natürlich zu Fuß, beladen mit großen Blumensträußen, schön verpackten Weinflaschen und anderen Geschenken. Eine ansehnliche Karawane bewegte sich auf den Eingang des Gasthofes zu und bildete dort eine längere Schlange, bevor jeder einzelne seine Gratulation und sein Geschenk bei Dörte losgeworden war und endlich mit einem Glas Sekt in der Hand im großen Saal mit anderen Bekannten zusammen stand und smal talkte. Gegen halb zwölf hatten alle einen Platz an den langen Tafeln eingenommen, die feierlich mit Kerzen, Servietten und Blumenschmuck hergerichtet waren.

Aber auf das Essen mussten die Gäste noch warten, denn zunächst galt es eine Reihe von Reden durchzustehen. Politische Weggefährten aus Hannover und der Kreisstadt lobten Dörtes Werdegang und ihre Verdienste um Land und Leute während vieler Jahrzehnte und in zum Teil stürmischen Zeiten. Auch der Bürgermeister und einige Vereinsvorsitzende ließen es sich nicht nehmen, „ihrer" Dörte Glückwünsche zu übermitteln. Und dann gab es eine sehr bewegende Rede von Detlef, der nur kurz auf das Glück einging, das er mit einer Frau hatte, die ähnliche politische Interessen und Energien wie er selbst hatte, aber ausführlich auf eine Lebenspartnerin, die er auch nach fünfzig Jahren noch liebte und ohne die sein Leben nicht denkbar gewesen wäre.

Schließlich musste natürlich auch Dörte selbst eine Dankesrede halten. Dabei stellte sie die verschiedenen Gästegruppen aus Politik und aus dem Dorf vor und kam am Schluss auf ein kleines Grüppchen gleichaltriger Damen zu sprechen, die ihr besonders am Herzen lag, die überlebenden Brautjungfern von 1906, die sich hier bei ihrer Geburtstagsfeier teils von weither kommend nach über sechzig Jahren wieder in ihrem Geburtsort Scheepermoor getroffen hatten.

„Und nun ist es auch genug mit all den Sentimentalitäten", schloss Dörte den offiziellen Teil der Feier ab. „Lasst uns essen und trinken und fröhlich sein, lasst uns das Leben feiern und an vergangene Zeiten erinnern. Lasst uns die Gläser erheben und auf uns alle trinken. Prost!"

Die kleine Kapelle aus Klavier, Geige und Schlagzeug spielte auf, alle erhoben sich und ihre Gläser und sangen mit „Hoch soll sie leben!" Und nun fuhr der Scheepermoorer Hof auf, was er zu bieten hatte. Nach der unvermeidbaren Hochzeitssuppe, die immer noch so zubereitet wurde wie bei der Hansson-Hochzeit 1906, gab es große Platten mit dreierlei Fleisch und gemischtem Gemüse und natürlich reichlich Kartoffeln. Zum Schluss wurden große Eisbomben mit funkensprühenden Wunderkerzen hereingetragen und vollständig verspeist. Der gute Riesling und der Rotwein vom Rhein hatten die Zungen gelöst und eine ordentliche Geräuschkulisse aus Hintergrundmusik, Gesprächsfetzen und Gelächter erfüllte den großen Saal.

Nachdem das Geschirr von einer Schar von Helferinnen aus dem Dorf abgeräumt war und zunächst ein Cognac oder Korn gereicht wurde zur Verdauung, sollte es noch eine besondere Überraschung geben. Die Kapelle hatte sich zurückgezogen, um ihrerseits vom Festessen zu profitieren und an das Klavier setzte sich nun Clara, die natürlich mit Agnes gemeinsam aus Berlin angereist war. Agnes erhob sich. Sie war nur drei Jahre jünger als Dörte, aber sie war immer schlank geblieben und für ihr Alter nach wie vor eine sehr gut aussehende, attraktive Frau. Zudem hatte sie ein elegantes, silbrig schimmerndes Kleid angezogen, dessen Farbe sich ideal mit ihren dauergewellten, silbergrauen Haaren ergänzte. Sie musste nicht vorgestellt werden, jeder kannte sie, entweder von früher, als sie auf den Hamburger Bühnen spielte oder mehr noch aus dem Fernsehen, denn sie war ein Star der Musikshows gewesen. Manch Politiker aus der Landeshauptstadt war überrascht, weil er nicht gewusst hatte, dass diese wunderbare Sängerin ihre Wurzeln in diesem kleinen Heidedorf hatte.

Nun erklärte Agnes kurz, dass das Potpourri, das sie vortragen wollte, an dieser Stelle schon einmal 1906 zu hören gewesen sei, als sie noch „Jung *und* schön“ gewesen sei. Clara begleitete sie und es blieb kein Auge trocken, als sie mit ihrer immer noch tragfähigen Stimme die alten Melodien sang.

Tosender Beifall folgte der Darbietung und schnell fügte Agnes einige ihrer bekannten Chansons hinzu. Doch man ließ sie natürlich nicht von der improvisierten Bühne, bevor sie nicht das Lied gesungen hatte, das ihre Karriere begründet hatte: „Komm zurück“. Und heute hatte dieses Lied einen ganz anderen Sinn, als damals im Krieg, besonders für die ehemaligen Brautjungfern, die heute hier wieder vereint waren.

Wo auch immer du bist, wohin dich das Leben trieb,
behalte im Herzen, was ich dir einstens schrieb:
Komm zurück, oh, komm zurück zu mir.
Am schönsten ist es immer hier.
Komm zurück, hier ist dein Glück.

Der Applaus wollte nicht enden und die Taschentücher konnten lange nicht weggesteckt werden. Es war ein sehr emotionaler Moment, auch gerade für Dörte.

Nachdem anschließend Kaffee und Gebäck gereicht waren, verabschiedeten sich die ersten Gäste, zumeist die, die noch eine längere Heimfahrt vor sich hatten. Überall hatten sich kleine Grüppchen gebildet und genossen trinkend und rauchend und parlierend den Sonntagnachmittag. Dörte war bemüht, sich zu allen eine Weile dazuzusetzen und ihnen das Gefühl zu geben, dass gerade sie die liebsten Gäste waren.

Nach und nach leerte sich der Saal aber dann doch. Es gab Umarmungen und Handschläge beim Abschied von Dörte und viele Danksagungen für die gelungene Feier. Schließlich blieb ein einziger Tisch übrig, an dem Dörte mit Detlef, ihren Kindern und Enkeln zusammensaß mit den vier Freundinnen aus alter Zeit, einschließlich Clara und Freya, der Tochter von Felicitas und Schwiegertochter von Dörte.

Hier gab es viel zu erzählen. Marta und Erdmute hatten einen regen Austausch über ihre langjährigen Geschäftserfahrungen. Agnes musste natürlich über ihr Leben in Berlin berichten und allen war nun klar, welche Rolle Clara in Agnes' Leben spielte. Und ohne Worte wurde Clara in diesen Freundeskreis, diesen Frauenkreis, eingeschlossen. Gesche erklärte, warum es für sie richtig gewesen sei, den Lebensmittelpunkt nach Hamburg zu verlegen und ihre Wurzeln in Scheepermoor zu kappen. Sie hatte ihre Exemplare der Kinderbücher mitgebracht, die sie zusammen mit Helene veröffentlicht hatte und sie machten unter vielen „ahs" und „ohs" die Runde. Dabei kam der Wunsch auf, den Friedhof und die Gräber der Frauen aufzusuchen, die nicht mehr unter ihnen waren. Ein bisschen frische Luft bei diesem schönen Wetter würde allen sicher gut tun.

Bevor sie sich aber auf den Weg machten, stellten sie sich noch einmal im Garten des Gasthofes zusammen, genau an der Stelle, an der sie Herr Wandeler vor 61 Jahren zusammen gerückt hatte und es wurde ein Foto gemacht, das natürlich allen anschließend zukommen sollte.

Auf dem Friedhof fanden sie zuerst Violas Grab. Es war von den lange lebenden Eltern nach dreißig Jahren noch einmal gekauft worden, war nun aber doch kaum gepflegt und es würde in einigen Jahren eingeebnet werden. Spontan taten sich Erdmute und Marta zusammen und beschlossen, es zu erhalten. Dörte wollte sich darum kümmern. Helenes Grab hingegen wurde eindeutig gepflegt. Es war mit einem blühenden Bodendecker bewachsen und ein frischer Strauß Rosen leuchtete aus einer Vase hervor. Helenes Töchter lebten zwar beide nicht mehr im Ort, kümmerten sich aber regelmäßig um das Grab ihrer Eltern, denn Hubertus Fink lag natürlich neben seiner geliebten Helene.

Die Männer und Kinder der Familie waren nicht mitgekommen, aber Freya war bei den Frauen und erinnerte an ihre Mutter Felicitas, für die sie kein Grab hatte. Deshalb kam sie gerne her an Helenes Grab. Und sie wollte sich um die Pflege von Violas Grab hier Vorort zukünftig kümmern.

Etwas still kehrte die Frauenschar zum Gasthof zurück. Man gönnte sich noch ein kleines Abendessen und ging dann zum Schölermannschen Hof, um den Abend in Ruhe im Wohnzimmer dort ausklingen zu lassen. Die ehemalige Diele des großen Hofgebäudes, in der sich vor Generationen Mensch und Tier gemeinsam tummelten, das Vieh in seinen Gehegen, die Menschen um die große Feuerstelle, war nun gefliest, die Decke wurde abgehängt und Teile des Fachwerks waren mit Fensterglas gefüllt, so dass man einen herrlichen Blick in den davor angelegten, in allen Farben leuchtenden Blumengarten hatte. Dort saßen die alten Freundinnen, sahen in das schwächer werdende Licht der untergehenden Sonne, schlürften an ihrem kühlen Glas Weißwein und schwelgten in Erinnerungen.

Alle Gäste waren im Heidegästehaus, dem ehemaligen Dorfkrug, untergebracht, der ganz nahe beim Schölermann-Hof lag. Ein gemeinsames Frühstück dort wurde vereinbart, bevor sich alle verabschiedeten, umarmten und gegenseitig versicherten, welch eine schöne Feier sie erlebt hatten und wie aufregend es gewesen sei, sich wiederzusehen nach all den Jahren. Dann war Dörtes Geburtstag vorüber.

Als Detlef und Dörte einigermaßen erschöpft, aber noch gar nicht fähig schnell einzuschlafen, nebeneinander im Bett lagen, fragte Dörte: „Hat es dir gefallen, diesen Geburtstag so groß zu feiern?“

„Ja, natürlich", antwortete Detlef. „Aber mir ist noch etwas anderes klar geworden."

„Na, was denn?", wollte Dörte wissen und drehte sich zu ihrem Mann hin.

Detlev griff nach ihrer Hand und streichelte sie sanft.

„Dass meine Frau etwas ganz Besonderes ist."

„Ach, komm, du alter Schmeichler."

„Nein, ich meine das ernst. Man kommt viel zu selten dazu, das einmal auszusprechen, man nimmt's im Alltag so selbstverständlich, aber das ist es nicht. Ich habe großes Glück gehabt, dich zu finden und nun schon ein halbes Jahrhundert an deiner Seite leben zu dürfen."

Dörte blieb nun ganz still, aber ihre Augen wurden doch feucht bei dieser unerwarteten Liebeserklärung.

„Ich wusste es schon, als ich dich zum ersten Mal sah", fuhr Detlef fort, „damals auf der großen Hochzeit. Du kamst mit den anderen Brautjungfern hinter den Blumenkindern und dem Brautpaar aus dem Kirchenportal in deiner Tracht und ich stand hinter der alten Gerichtslinde und war völlig weg. Ich wusste natürlich, wer du warst, ich war ja schon fast zwei Jahre Lehrer hier, aber so hatte ich dich noch nie zuvor gesehen. Wie würde diese junge Frau wohl aussehen, wenn sie die Haare offen trüge und in einem Sommerkleid statt der strengen Tracht. Das habe ich dann ein paar Wochen später gesehen auf dem Sommerball der Feuerwehr. Und dort haben wir zum ersten Mal miteinander getanzt und mir war klar, dass du die eine Frau bist, die für mich bestimmt war. Was hast du bloß in mir gesehen damals?"

„Du warst klug, du warst kein Bauer und du sahst wirklich gut aus", flüsterte Dörte. „Und ich wollte dich auch haben, von Anfang an."

„Und nun sind wir ein altes Ehepaar, durch dick und dünn gegangen, Politiker, Eltern, Bauern gezwungenermaßen dann doch, wieder Politiker. Und du bist für mich immer noch meine Dörte, die ich liebe wie am ersten Tag. Heute ist ein guter Tag, dir das noch mal zu sagen."

„Ich liebe dich auch. Schlaf gut, mein Liebster."

Marta IV

Ein Anfall von Sentimentalität hatte Marta erfasst, als sie den Einladungsbrief von Dörte erhielt. Sie war ein halbes Leben nicht in der norddeutschen Heimat gewesen. Deutschland und Frankreich hatten ihre alten Ressentiments in eine deutsch-französische Freundschaft überführt. In Colmar hielten sie keinerlei Verpflichtungen und so sagte sie zu. Sie wollte den Besuch in Scheepermoor zu einer kleinen Rundreise nutzen, natürlich Hamburg wiedersehen, aber auch auf der Rückreise einen Abstecher in die DDR nach Magdeburg machen, wo die Tochter von ihrer inzwischen verstorbenen Schwester Elvira nun lebte. Die nötigen Einreiseunterlagen für die DDR besorgte ihr Jean. Zum Glück war die Einladung so rechtzeitig erfolgt, dass alles in Ruhe vorbereitet werden konnte.

Die Zugfahrt war wieder sehr lang, aber diesmal genoss Marta die Fahrt durch ein sommerliches Deutschland. Sie war einundachtzig, aber immer noch rüstig und neugierig.

Die Tage in Scheepermoor waren wider Erwarten spannend und angenehm für Marta. Sie wohnte gemeinsam mit den anderen Frauen im Dorfkrug, besuchte aber natürlich ihren Halbbruder. Viktor führte das Maurergeschäft, das inzwischen ihm gehörte, nachdem Elisabeth vor einigen Jahren gestorben war. Er hatte geheiratet und zwei Kinder, die inzwischen auch schon erwachsen waren, aber noch im Elternhaus lebten. Marta besprach mit ihm eine Ablösung ihrer Geschäftsanteile zu sehr moderaten Bedingungen. Der alte Zwist war Schnee von gestern und sie wollte einen Schlussstrich ziehen. Alles wurde schriftlich niedergelegt und unterschrieben, denn es war abzusehen, dass dies der letzte Besuch Martas in ihrem Heimatort sein würde.

Die Geburtstagsfeier selbst fand im immer noch existierenden Scheepermoorer Hof statt und es war eine große Gesellschaft. Dörte hatte durch ihre jahrelange politische Betätigung einen umfangreichen Bekanntenkreis. Außerdem war sie als Eigentümerin eines der größten Höfe am Ort dort sowieso jedem bekannt. Essen und Reden bestimmten die Feier, aber als am späten Nachmittag die offiziellen Teile abgehandelt waren, holte Dörte die ehemaligen Brautjungfern an einem Tisch zusammen. Sie hatte für jede einen vergrößerten Abzug des alten Hochzeitsfotos besorgt und darüber kam schnell ein Gespräch zustande, in dem sich alle ausführlich über ihre Lebenserfahrungen austauschen konnten. Natürlich durfte auch ein Gruppenfoto der verbliebenen „Jungfern" nicht fehlen, das Dörte später allen zuschicken wollte.

Erdmute berichtete von ihrem erfolgreichen Möbelgeschäft in Worpswede, die gleichaltrige Marta konnte Vergleiche zu ihrem Baugeschäft in Colmar ziehen. Die beiden jüngeren waren im Künstlerfach gelandet. Agnes hatte eine erfolgreiche Karriere als Sängerin hinter sich, was sie durch ihren Vortrag auf der Feier unter Beweis stellen konnte, und Gesche hatte früher als Malerin intensive Kontakte nach Worpswede gehabt und dort mit Erdmute viel gemeinsam unternommen, war dann für einige Zeit auf den elterlichen Hof zurückgekehrt und lebte jetzt allein in der Nähe ihrer Tochter in Hamburg. Auch über die nicht mehr lebenden Brautjungfern und ihr Schicksal wurde gesprochen und ihre Gräber auf dem Friedhof besucht. Es war ein nostalgischer Tag, der in der Rückschau auch mit vielem versöhnte. Die Betten des Gästehauses waren an diesem Tag alle belegt, auch Marta und Gesche übernachteten zunächst noch in Scheepermoor.

Am Montag wurde Marta abgeholt, denn für die Fahrt nach Hamburg hatten sich Marta und Gesche natürlich verabredet und Gesches Tochter Trine holte sie nicht nur ab, sondern fuhr sie im Auto auch zusammen überall hin. Sie nahmen sich zwei Tage Zeit für die Sehenswürdigkeiten der Hansestadt und für einander. Am nächsten Morgen, einem Donnerstag, brachte Trine Marta schon sehr früh zum Bahnhof, damit sie den Zug nach Magdeburg erreichte, wo sie ihre Nichte erwartete.

Die Formalitäten beim Grenzübergang in die DDR waren lästig, verliefen aber ohne Schwierigkeiten. Noch einige Haltestationen vor Magdeburg war dann eine große Gruppe von Schülern zugestiegen, die zu Ferienbeginn in ein Ferienlager fahren wollten, und es wurde recht laut im Großabteil, in dem Marta saß. Es war sehr warm an diesem 6. Juli 1967.

Die Zuginsassen ahnten nicht, dass es dem Schrankenwärter in Langenweddingen nicht gelungen war, die Schranke zu schließen. Einen Bus, der sich von der einen Seite dem Übergang näherte, konnte er noch durch ein Flaggensignal rechtzeitig zum Stehen bringen, aber der mit 15000 Litern Benzin beladene Tanklastzug sah dieses Signal nicht mehr. Als dem Lokführer klar wurde, dass es zu einer Kollision kommen würde, war es schon zu spät. Seine Notbremsung brachte den Zug nicht mehr zum Stehen, ja der Funkenflug der Bremsung löste vielleicht sogar die riesige Explosion aus, als der Zug den Tanklaster aufriss und sich das Benzin daraus ergoss.

Es gab fast hundert Tote. Die meisten davon im ersten Waggon, in dem auch Marta und die Schulkinder saßen. 44 Schulkinder zählten zu den Opfern. Marta wurde zwar noch lebend aus den Trümmern geborgen, starb aber schon am nächsten Tag an ihren Verbrennungen im Krankenhaus in Magdeburg. In ihren Händen hatte sie eine völlig verkohlte Fotografie gehalten.

Franziska und Jean nahmen an der Trauerfeier für die Opfer auf dem Magdeburger Westfriedhof am 11. Juli teil, überführten die sterblichen Überreste ihrer Mutter dann aber nach Colmar, wo sie neben ihrem Ehemann bestattet wurde. Das versengte Foto wurde ihr in den Sarg mitgegeben. Das Foto von Dörtes Hochzeit hingegen, das den Kindern einige Zeit danach zugeschickt wurde und das das letzte Foto ihrer Mutter geworden war, wurde gerahmt und in Ehren gehalten.

Dörte IV

1969 starb Detlef. Er war in Scheepermoor hoch angesehen als langjähriger Bürgermeister und es gab einen langen Trauerzug nach der Trauerfeier in der Johannes-Kirche zum neuen Friedhof.

Dörte war natürlich sehr getroffen durch den Verlust ihres Mannes. Sechzig Jahre waren sie verheiratet und daran, dass sie zusammen gehörten hatte es nie einen Zweifel gegeben. Aber Dörte war nach wie vor bei bester Gesundheit. Sie kümmerte sich liebevoll um die Enkelkinder und entlastete damit Freya bei ihrer Arbeit in der Apotheke.

An einem sonnigen Frühlingstag 1975 blieb Dörte morgens im Bett liegen, sie war zu schwach um aufzustehen. Das war sehr ungewöhnlich und die Söhne eilten mit den Ehefrauen und Enkelkindern zu ihr. Dörte lag schwach, aber aufmerksam in ihrem Bett und nahm sich Zeit für jeden Einzelnen. Sie verabschiedete sich in der Hoffnung, nun bald wieder mit ihrem geliebten Mann vereinigt zu sein und schlief friedlich und mit einem Lächeln auf den Lippen ein.

Ganz Scheepermoor schien auf den Beinen zu sein bei ihrer Beerdigung und man sah auch einige Autos mit Hannoveraner Kennzeichen in der Nähe des Friedhofes parken. Auch für Dörte wurde die Kirche für die Trauerfeier gewählt und war bis auf den letzten Platz besetzt. Von den alten Brautjungfern lebte nur noch Gesche, die natürlich aus Hamburg angereist war. Ihr Blumenstrauß war kaum zu sehen in einem Blumenmeer aus Kränzen, der das Grab von Dörte bedeckte.

Agnes III

Nach dem Krieg krähte kein Hahn mehr danach, ob es unmoralisch wäre, dass zwei befreundete Frauen sich ein gemeinsames Haus teilten, es gab wahrlich andere Probleme und das Argument der Wohnungsnot galt nun mehr denn je. Die Nachbarn schätzten Agnes und gewöhnten sich schnell daran, dass nun Clara auch zur Nachbarschaft gehörte. Allerdings war es auch nicht leicht für Agnes und Clara weiter ihren Lebensunterhalt zu verdienen. Berlin lag in Trümmern, das Kulturleben war erst einmal zusammengebrochen. Die Besatzungsmächte hatten ihre Zweifel an der Oberflächlichkeit der Einbindung in den Nationalsozialismus der

Künstlerinnen wegen der jahrelangen Truppenbetreuung. Immerhin hatten sie im Auftrag der Kulturkammern propagandistische Aufgaben erfüllt. Erst nach einigem Hin und Her wurden beide entnazifiziert.

Arbeit hatten sie aber noch lange nicht. Erst als die ersten Kabaretthäuser wieder eröffneten, konnten sie kleinere Auftritte ergattern und schlugen sich bis zur Gründung der Bundesrepublik damit und mit ihren Ersparnissen durch. Aber sie hatten einander gefunden und lebten zusammen im Haus im Grunewald.

Mit der Einführung des Fernsehens besserte sich ihre Lage. Clara wurde gerne in Fernsehspielen in der Rolle der jungen Mutter besetzt, die alleinerziehend ihre Teenagerkinder durchbringen oder sich mit ihrem aus dem Krieg heimkehrenden Mann herumplagen musste. Agnes wurde wieder entdeckt und gerne in großen Musikgalaabenden mit ihren alten Erfolgschansons gezeigt.

Als Paar blieben sie zusammen und unbehelligt. Hier hatten sich zwei gefunden, die unbedingt zusammen kommen mussten. Ihr Glück, ihre Zufriedenheit, ihre gegenseitige Unterstützung ließen sie durch alle Schwierigkeiten kommen, die die schlimmen Zeiten mit sich brachten. Und schließlich führten sie zu neuen Erfolgen und einem erfüllten Leben.

Beim 80. Geburtstag von Dörte sang Agnes natürlich. Clara war mitgereist und begleitete sie am Klavier. Ihre Stimme hatte sich bis ins hohe Alter erhalten. Zunächst hatte sie es geschafft und die Noten des Potpourris von der damaligen Hochzeit besorgt. Die Tränen konnten nicht mehr zurückgehalten werden, als der Gesang an die alten Zeiten erinnerte. Natürlich musste Agnes auch einige ihrer großen Erfolgschansons zugeben. Zum Abschluss sang sie dann „Komm zurück“, was an diesem Nachmittag für die ehemaligen Brautjungfern eine ganz eigene Bedeutung bekam. Clara als Agnes' Freundin wurde kommentarlos in den Freundinnenkreis aufgenommen, was Agnes, die einige Befürchtungen deswegen hatte, beruhigte und sehr erfreute.

Nur einige Monate später bestand Clara darauf, dass Agnes sich beim Arzt untersuchen lassen sollte. Sie war ständig müde und appetitlos. Die Diagnose bestätigte Claras Befürchtungen, ein Brustkrebs hatte sich bei Agnes gebildet. Ein langer und mühsamer Kampf begann, um die Krankheit zu besiegen. Clara pflegte ihre Freundin voller Liebe und Aufopferung. Im kalten Februar 1970 lag Agnes erschöpft und mit eingefallenem Gesicht in ihrem Bett im Haus im Grunewald. Clara saß neben ihr auf einem Stuhl und hielt ihre Hand.

„Ich bin dir so dankbar", flüsterte Agnes kaum hörbar, „dass du mich damals erwählt hast und dass du mich erlöst hast aus der Angst, nicht lieben zu können."

„Und das war die beste Entscheidung meines Lebens", sicherte Clara Agnes zu.

„Du hast immer gewusst, wieviel älter ich war und dass die Chance, dass ich als erste gehen muss, groß war."

„Du bist für mich immer jung gewesen."

„Aber ich habe nun das Privileg, nicht einsam zu sterben, nicht allein zu sein am Ende. Und du musst allein zurück bleiben."

„Ich werde nicht allein sein. Ich werde all die vielen Bilder von dir, von uns ordnen und mir immer wieder ansehen und mich erinnern. Und ich werde deine Schallplatten hören. Und die Musik, deine Stimme wird mich dir nahe bringen."

„Clara", hauchte Agnes mir ersterbender Stimme, „du bist mein Allerliebstes."

Draußen vor dem Fenster vertrieb die Dämmerung das Tageslicht. Als es ganz dunkel war, legte Clara die erkaltete Hand ihrer Frau auf der Bettdecke ab. Dann entzündete sie die Kerze auf dem Nachttisch, deren Licht mild auf Agnes Totenmaske schien.

Erdmute IV

1967 folgte natürlich auch Erdmute der Einladung zu Dörtes Geburtstag nach Scheepermoor. Sie war lange nicht mehr in ihrem Geburtsort gewesen. Ihre Eltern waren lange tot, ihr Bruder Ludwig hatte den Hof übernommen, ihn aber auch schon an seinen ältesten Sohn abgegeben. Und so war die Begegnung mit ihm ihr auch lange nicht so wichtig wie das Wiedersehen mit den Freundinnen von damals, den Brautjungfern auf dem berühmten Foto, das auch in ihrem Haus einen Ehrenplatz auf dem Sims vom Kachelofen hatte. Dieses Wiedersehen der fünf übrig gebliebenen alten Damen war wirklich sehr emotional. Viel hatten sie sich zu erzählen. Besonders ausgiebig waren die Gespräche mit Marta. Die beiden Geschäftsfrauen waren erstaunt über die parallelen Erfahrungen, die sie gemacht hatten, so weit voneinander entfernt. Natürlich wurde vereinbart, in Kontakt zu bleiben, sich vielleicht noch einmal zu besuchen. Als Erdmute wenig später von Martas Schicksal, von dem Eisenbahnunglück erfuhr, traf sie das tief.

Matthias war auch nach dem Krieg ein anerkannter Maler und arbeitete, gerne in der freien Natur, bis ins hohe Alter. Im Herbst 1970 kam er nach einem Ausflug ins Moor, bei dem ihn ein Hagelschauer überrascht hatte, nachhause zurück und legte sich fröstelnd und hustend ins Bett. Er erholte sich nicht mehr, obwohl Erdmute ihn natürlich aufopfernd pflegte. Matthias starb in ihren Armen.

Erdmute war nach wie vor rüstig und vor allem klar im Kopf. Aber der Tod von Matthias und das Fehlen echter Aufgaben machten ihr doch zu schaffen. Im August 1972 ging Erdmute wie immer zu Bett, verabschiedete sich von ihrem Sohn und dessen Frau und legte sich schlafen. So fand Leo sie am nächsten Morgen, friedlich und sanft entschlafen.

Gesche IV

Gesche hatte ein halbes Jahr nach ihrer Pensionierung den Betrieb auf dem Hof noch aufrechterhalten. Aber sie wollte keinen Verwalter mehr einstellen. Sie war in sich gegangen und hatte festgestellt, dass sie nicht wirklich mit dem Hof verwurzelt war. In ihrer

Lebenssituation musste sie Entscheidungen treffen. Und sie entschied sich, den Hof zu verkaufen. Der Hof hatte über hundert Hektar gutes Land, die Gebäude und Stallungen waren in ordentlichem Zustand, der Tierbestand an Milchkühen, Schweinen und Hühnern war gesund und der Preis dafür zurzeit hoch. Sie fand schnell einen Käufer und verließ ihr Elternhaus und ihren Heimatort ohne allzu große Emotionen. Sie war allein in dem großen Wohnhaus. Ihre engsten Freundinnen waren mit Scheepermoor nicht mehr verbunden. Erdmute lebte weiterhin in Worpswede und führte ihren Sohn in das Familiengeschäft ein. Helene war im Jahr zuvor im Heim gestorben, auch ihr Mann Hubertus war schon tot.

Nach dem Verkauf war Gesche eine wohlhabende und unabhängige Frau. Sie kaufte sich eine schöne Stadtwohnung in Hamburg Blankenese mit einem Atelier und schönem Blick auf die Elbe. Damit lebte sie nun ganz in der Nähe ihrer Tochter. Sie malte wieder. Die Bilder ihrer Hamburger Phase fanden den Weg in Galerien und Ausstellungen. Alte Kontakte zu Malerfreunden aus Worpswede und Bremen wurden erneuert. Gesche lebte mit einem guten Gefühl der Zufriedenheit.

1967 feierte Dörte Ondukat ihren 80. Geburtstag. Und obwohl Gesche inzwischen auch 76 war, wurde sie von den übrigen ehemaligen Brautjungfern immer noch als „unsere Jüngste" bezeichnet und es gab viel fröhliches Lachen darüber. Gesche bat ihre Tochter Trine, die sie von Hamburg nach Scheepermoor gefahren hatte, ein Foto von den fünf Überlebenden zu machen, das sie allen zuschicken wollte. Besonders die Kinder von Marta waren sehr dankbar für dieses letzte Bild ihrer Mutter. Ihr unerwarteter Tod bei dem Zugunglück nur ein paar Tage nach der Geburtstagsfeier sorgte für große Aufregung und Trauer unter den anderen Frauen.

Gesche ging mit den beiden Fotografien, der von 1906 und dem neuen Bild, in ihr Atelier und fertigte daraus eine Collage, die später unter dem Titel „Frauenbilder" als eines ihrer bekanntesten Werke galt.

Das Leben fließt eben nicht ruhig dahin wie ein langer Fluss. 1970 kam Gesches Tochter Trine bei einem Autounfall ums Leben.

Ein betrunkener Fahrer hatte ihr die Vorfahrt genommen und alle Anstrengungen des Notarztes konnte sie nicht mehr retten. Das Unglück traf Gesche hart und nur die häufigen Besuche ihrer Enkelin Gesine trösteten sie etwas.

1972 starb Erdmute Klee. Natürlich ließ es sich Gesche nicht nehmen zur Beerdigung nach Worpswede zu fahren. Aber außer Dörte Ondukat, die sie dort traf, kannte sie dort kaum noch jemanden. Jedenfalls wurde sie nicht mehr angesprochen auf ihre Worpsweder Zeit.

1975 starb auch Dörte. Die Rückkehr nach Scheepermoor, wo die große Beerdigung stattfand, war eine seltsame Reise für Gesche. Sie war seit Dörtes Geburtstag nicht mehr hier gewesen und da sie nun wirklich die letzte der Freundinnen von der Hanssohn-Hochzeit war spürte sie fast körperlich, wie hier ihre letzten Wurzeln gekappt wurden, wie sie endgültig in ihre zweite Heimat Hamburg gezogen wurde. Sie kam nie mehr nach Scheepermoor.

Gesche war traurig, aber sie selbst war gesund und rüstig und unabhängig. Erst 1980, fast neunzigjährig, entschied Gesche, dass sie nicht mehr alleine leben konnte. Sie verkaufte ihre Wohnung und kaufte sich in eine vornehme Seniorenresidenz ganz in deren Nähe, auch mit dem Blick auf das Elbufer, ein. Die Heimleiterin überredete ihren prominenten Gast zu einer letzten Ausstellung in der Seniorenresidenz mit den Bildern, die noch in ihrem Besitz waren, und auch den schönen Kinderbüchern von Helene Finke, die sie illustriert hatte. Im Zentrum stand das Reminiszenzbild der alten und jungen Brautjungfern. Es war ein großer Erfolg, über den sogar das Hamburger Abendblatt berichtete.

Gesche wurde fast 92 Jahre alt, die jüngste Brautjungfer starb als letzte. Sie schlief ruhig ein, begleitet von ihrer Enkelin und ihrem Schwiegersohn. Auf dem Nachttisch standen die beiden Bilder von 1906 und 1967 mit den jungen und den alten Frauen und an der Wand hing ihre ganz eigene Gestaltung der „Frauenbilder".

Epilog

Nein, das sei noch einmal ganz deutlich gesagt sein, keine der Geschichten entspringt der Realität oder hat auch nur entfernt etwas mit den Frauen auf dem Bild zu tun. Ich danke ihnen, die genauso wie die Frauen in den Geschichten lange nicht mehr leben, dafür, dass ich ihre Gesichter verwenden durfte für meine Geschichten. In die spielt allerdings Vieles hinein, was mein Leben berührt hat. Meine norddeutsche Heimat ist nicht eins zu eins abgebildet, aber doch hin und wieder erkennbar eingeflossen in dieses erfundene Scheepermoor. Das Weihnachtswunder an der Westfront 1914 hat es gegeben und mich gerührt, die Hamburger Bombennächte waren Realität, das Zugunglück in der DDR damals auch. Die unterschiedlichen Berufe der Frauen gibt es auch bei Frauen in meinem Leben. Der Hang zu künstlerischer Kreativität in Musik, Malerei und Literatur entspringt meinen eigenen Interessen. Auch die Sensibilität und die Gefahr der Depression kenne ich selber.

Aber durch die einzelnen Lebensgeschichten der Frauen scheint auch dieses schwierige Jahrhundert hindurch, das 20. mit seinen beiden welterschütternden Kriegen und seiner an Geschwindigkeit ständig zunehmenden wirtschaftlichen und gesellschaftlichen Entwicklung. Die Lebensgeschichten enden in den 70er Jahren, weil ihre Orientierung an dem realen Datum der Fotografie 1906 festgemacht wurde. Mit den Ereignissen der auf die 70er folgenden nur vierzig Jahre könnte man schnell ein ebenso umfangreiches Buch füllen wie mit den siebzig Jahren davor, trotz der beiden Kriege, denen zumindest kein dritter folgte.

Ich habe mir wenig Gedanken darüber gemacht, dass ich als Mann Lebensgeschichten von Frauen beschreibe. Sollen sich Frauen darüber einen Kopf machen. Am besten ich frage Heike, die der Auslöser war für meine „Frauenbilder“.

Edition Noëma
Melchiorstr. 15
D-70439 Stuttgart

info@edition-noema.de
www.edition-noema.de
www.autorenbetreuung.de

www.ingramcontent.com/pod-product-compliance
Ingram Content Group UK Ltd.
Pitfield, Milton Keynes, MK11 3LW, UK
UKHW040026200726
13854UKWH00001B/382

9 783838 212524